財政学

小西砂千夫
Konishi Sachio

［著］

Nippyo
Basic Series

日評ベーシック・シリーズ

日本評論社

はしがき

　筆者が大学院の修士課程の学生の頃、研究会での講評で、指導教授の橋本徹関西学院大学教授から「財政学者になるには30年はかかる」と言われたことを覚えている。当時は、そんなものかという感想しかなかったが、筆者が大学の教員になってから間もなくその30年を迎える。『財政学』という書名の本を出版できるのは、本当に名誉なことである。しかし、それは自分が研究者として精進してきたのか、という試験の採点結果が公表されることでもある。30年という時間があった以上、言い訳はできない。

　筆者が学んだ関西学院大学経済学部の最初の財政学の教授は、柏井象雄先生である。京都大学の汐見三郎先生の弟子で、大阪大学経済学部の財政学の祖である木下和夫先生の兄弟子にあたる。汐見教授は、大蔵省を辞して京都大学で小川郷太郎教授の下で財政学を学んでいる。小川教授もまた元大蔵官僚であって、京都大学経済学部が新設されたときに財政学の教授として迎えられた。

　筆者が教えをいただいたときに、柏井象雄先生は、既に名誉教授であったが、大学院生である私たちに財政学の学統を説かれた。官房学を起源とする財政学は、経済学との結び付きを強めることで発展してきたという。柏井先生の若き時代であれば、その象徴はケインズ（John M. Keynes）であろう。ケインズ経済学を財政学の大系にどのように結び付けるのか。それは、財政学の均衡財政主義に対する挑戦に他ならない。

　サミュエルソン（Paul A. Samuelson）が、The Pure Theory of Public Expenditure, *Review of Economics and Statistics,* **36**,(4),1954を始めとする公共財の理論に関する論文を発表するのが1950年代である。マスグレイブ（Richard A. Musgrave）は、サミュエルソンの体系を取り入れて財政学の基礎理論とした。サミュエルソンはまたラムゼーの租税論（F. Ramsey, "A Contribution to the Theory of Taxation," *Economic Journal,* **37**, 1927）を掘り起こすことで、最適課税

論の展開に道筋を付けた。サミュエルソンが新古典派総合と呼ばれたように、マスグレイブは、伝統的な財政学とサミュエルソン流の経済学の所産を採り入れた財政学の大系を作り上げた。

　そこで中心となるのは公共財の理論である。公共財の理論を中心にすれば、財政支出と税のあり方を構築することができる。筆者の恩師である山本栄一関西学院大学教授は、マスグレイブ流の財政学の税制論への具体的な展開をしたという意味で、自らを公共財の子とすら呼んでいた。

　しかし、筆者の時代になると、応用ミクロ経済学の発展の成果を吸収した租税論が主流になることで、マスグレイブの体系はもはや古いとされた。代わって、1980年に出版されたスティグリッツ（J. E. Stiglitz）らの *Lectures on Public Economics*（A. B. Atkinson との共著、McGraw-Hill）の第2部は、最適課税論を基本にした税の規範理論を展開している。日本の学会でも、最適課税論を基本とする世代が、それ以前の世代との間で線を引き、新しい理論が財政学会の議論を席巻するぞと言わんばかりの勢いであった。

　しかし、そこまで来ると、それがもはや財政学といえるかどうかが、筆者の疑問であった。筆者自身の学位論文は最適課税論の習作であったが、財政学というべき体系を打ち立てるには、最適課税論よりも、手続き論としての予算論や、財政投融資や地方財政の制度論、およびそれらが形成されてきた歴史的背景がより重要と考えるようになった。筆者自身は、次第に地方財政の分野に研究のウエイトが移り、そのなかで歴史的経緯を重視しながら制度のあり方を考察してきた。地方自治・財政制度の研究では、経済学もさることながら、統治論やパワー・ポリティックスのような分析の方が有効であることを実感した。そのことで、財政学の学会が、全体的として公共経済学の方向に傾きすぎている現状に対して、批判的な思いを次第に強くしていた。

　そのとき、日本評論社の編集者である斎藤博氏から、本書の企画のご提案を受けた。斎藤氏にそのような意図があったとは思わないが、「そんなに偉そうに言うのだったら、これが財政学だといえるものを、あなたが書いてみなさい」と言われた気がした。正直、自信はなかったが、断れなかった。逃げたと思われるよな、という囁きが心のなかで聞こえたからである。もっとも、オファーから脱稿まで3年以上を要したのでは、逃げていたのと同じであるが。

財政学を体系として示すならば、筆者が若き日に学んだマスグレイブには依拠できない。財政学研究が、マスグレイブ財政学よりもさらに経済学に傾いている状況を引き戻すためには、経済学のウエイトをより抑制しなければならない。本書の執筆で、最も参考にしたのは、山本栄一教授の予算論と支出論（橋本徹・山本栄一・林宜嗣・中井英雄・高林喜久生『基本財政学』（第4版）、有斐閣、2002年に収録）と神野直彦東京大学名誉教授の『財政学』（改訂版、有斐閣、2007年）である。神野財政学は、財政社会学と呼ぶべき体系であるが、筆者はそれに親近感を感じながらも、学識では遠く及ばない。本書は、神野財政学の準備段階として読むべき本と、勝手に位置付けることにした。

　財政学の中心は制度論である。経済的なメカニズムは背景として最重要であるが、応用経済学ではない。財政学の伝統的な柱は租税論であると同時に、予算論である。公共経済学には租税論はあっても予算論はない。そこで予算論を各論の最初に置いた。また、現在の日本財政の中心は、良くも悪くも社会保障である。そこで、財政学としては詳しすぎるほど社会保障制度の説明を加えた。それと、財政投融資については、正当な評価がされていないとの思いから特に1章を設けた。それが本書の主張であり、特徴である。また、財政現象を読み解く際に、経済学の論理に引っ張られすぎると、政策判断を誤る懸念があることを表すために、最後に特に1章を設けた。財政学が、本来の立ち位置からずれていることを具体的に指摘したかったからである。本書が、財政学への興味を深めることに貢献できれば幸いである。

　大見得を切ってしまったが、出版させていただいた以上、厳しい批判を覚悟しなければならない。もとより浅学であることは自覚しているが、各方面からご指導いただき、自己研鑽の糧にさせていただきたい。

　2018年に創業100年を迎える伝統ある日本評論社から、本書を出版できることに感謝したい。

家族の楽しげな声を聞きながら
2017年、穏やかな日に

小西砂千夫

目次

はしがき…iii

第1章 **財政学の視点**…1
1. 財政学の問題意識と共同体のルール…1
2. 経済のメカニズムと財政の3つの機能…3
3. 財政は社会・経済・政治を統合する…6
4. 民主主義政治と財政…8
5. 人間存在の矛盾と財政の働き…10

第2章 **予算**…14
1. 憲法における財政に関する規定…14
2. 予算と決算に関する憲法規定…15
3. 予算による統制機能と予算の種類…16
4. 予算の機能と原則…18
5. 予算編成の過程…21
6. 特別会計…23
7. 予算の執行と決算…25
8. 予算制度の改革…27

第3章 **税制**…29
1. 税のあり方…29
2. 経済活動と税…32
3. 税の公平…36
4. 税の経済効果…41
5. 租税原則とタックス・ミックス…47
6. 納税者権利保護と税務行政…52
7. 税制度の運営…53
8. 主な税制…62
9. 国際課税…78

第4章 政府支出…80
1. GDP統計と政府支出…80
2. 公共財の考え方とその限界…82
3. 政府支出の区分と歳出の効率化…86
4. 景気変動と経済対策…90
5. 社会資本形成…93

第5章 社会保障…97
1. 分配の公平…97
2. 社会保障制度の全体像と費用負担…99
3. 社会保障・税一体改革…103
4. 国民皆保険・皆年金の意義とそれがもたらす課題…106
5. 医療保険…109
6. 公的年金…114
7. 生活保護…118
8. 介護保険…121
9. 子育て支援…123
10. 社会保障に対する負担のあり方…125

第6章 財政投融資…129
1. 財政投融資の仕組みとその機能…129
2. 財政投融資の分野と主要な財投機関…132
3. 財政投融資とその改革…136
4. 財政投融資の将来負担…141

第7章 財政赤字…144
1. 財政赤字の現状とその問題点…144
2. わが国における財政再建の試み…149
3. 国債発行と償還の仕組み…153
4. 公債の経済理論…157
5. 日本財政の持続可能性…159

第8章 政府間関係…162
1. 国の統治のあり方としての政府間関係…162
2. 事務配分と財源保障…163

　　　　3　国税と地方税の税源配分…**167**
　　　　4　地方交付税…**171**
　　　　5　国庫支出金…**180**
　　　　6　地方債…**182**
　　　　7　自治体財政健全化法…**184**
　　　　8　地方歳出…**186**
　　　　9　地方公営企業…**188**
　　　　10　地方分権・行政体制…**191**

終　章　**財政学の発想**…**193**
　　　　1　経済学的な発想と財政学の問題意識…**193**
　　　　2　財政学の発想で考える…**194**
　　　　3　財政学研究に必要な視点…**198**

　　索引…**200**

第1章

財政学の視点

1　財政学の問題意識と共同体のルール

　財政学では、国民・住民から税を強制的に徴収し、それを財源として公共サービスを提供することが関心の主な対象である。そのほかに、政府による金融的な活動や企業的な活動も合わせて対象としている。その一方で、法的な規制など、財源や資金が、直接的に動かないものは主たる関心事ではない。

　財政学は、経済学の一分野と考えられがちであるが、本来はそれよりも問題意識が広いものである。経済学も多様な問題意識をもつものであるが、主流派ともいうべき経済学では、方法論的個人主義として、基本的に個人（あるいは世帯）を単位に、その満足度を最大化する（企業であれば、その利潤を最大化する）ことを行動原理としている。それに対して、財政学では、方法論的個人主義では十分に解き明かせない課題を対象にすることが多い。

　財政学とは、一言でいえば、統治のための学問である。多様な価値観からなる国民・住民を、最大限満足させたり、逆にその不満を最小限にすることをめざして、課税をしたり、公共サービスを提供したりすることを考えるのが課題である。私たちは、一個人であるのと同時に、何らかの共同体の一員でもある。個人として活動するのと、共同体の一員として活動するのとでは、同じ人間でも行動原理が変わる。共同体では、分かち合いの原理ともいうべきものが働いてくる。共同体の最も小さい単位は、いうまでもなく家族である。家族は社会に対して利己的に行動することはあっても、家族内の構成員の相互には共同体の原理が働いている。統治とは、人々の群れを、個人を単位とする競争原

理の下に置くのではなく、共同体として求心力を働かせることをめざすことであり、財政学は統治のための論理である。

　新約聖書のたとえ話のなかでも有名なものに、5,000人に対する給食の奇跡がある。イエスの教えを聞きたがって、おびただしい数の人が荒れ野に集まってきたものの、食事時になっても周りには食べ物を提供してくれる場所がない。群衆が飢えることを心配したイエスの弟子は、人々を解散させてくれとイエスに頼んだ。しかし、イエスは、自分たち一行が持参している食料であるわずかなパンと魚を群衆にシェアするように命じた。もちろん、それだけでは、とても足りる量ではなかった。にもかかわらず、人々はみな飽きるほど食べて満足した、と聖書は伝えている。

　実に不思議な物語である。まるで、イエスの手から魔法のように食べ物が取り出されたかのようである。真実はどうだったのかは、聖書はまったく伝えない。聖書を読む難しさはこんなところにある。

　1つの解釈は、現代日本のように飲食店が手軽に利用できるわけではない当時のイスラエルの地にあって、人々は遠出するときに、自分用の食料を携えてきた可能性がある。ただ、用意のある者も、ない者もあったであろう。イエスは、食べ物をみなに分け与えるときに、人々を50〜100人ほどの集団に分けて座らせたと聖書には書いてある。小集団にすることで、共同体であるとの実感が働きやすくなる。そこでは、自己紹介などが行われたのかもしれない。イエスの話の感想が語られたのかもしれない。イエスが、率先して自分たちの食べ物を他人に進んで分け与えたとき、群衆たちのうちでも、食料を持った者が、持たざる者にシェアする気持ちがわいたとすれば、有り余るほどの食料が出現してもけっしておかしくない。それが真実だとすれば、イエスが起こした奇跡とは、無から有を生み出す魔法ではなく、相互に信頼関係がなく個人の集まりに過ぎなかった群衆を、相互扶助の論理の働く共同体に変えたことである。群衆のままならば一部は飢えるが、共同体は飢えない。群衆と共同体はそれほどまでにパフォーマンスが異なるのである。

　近代国家は**社会契約説**に基づいて社会のルールの大枠が決められている。その根本は各国の憲法である。社会契約説の基礎をかたちづくったイギリスの社会思想家のホッブズは、社会契約のない世界を「万人の万人に対する闘い」と

表した。ルールなき競争社会と呼び換えてもよい。近代国家の憲法は、国民の権利と義務を定めると同時に、国家の活動を大枠で制御し、国民を国家権力の暴走から守ることを目的としている。日本国憲法は、財政については特に1章を設けて、その活動のあり方を規定している。すなわち、近代国家は憲法において社会契約説に基づいて共同体としてのルールを定めており、財政はそのなかでの重要な柱の1つとなっている。

2　経済のメカニズムと財政の3つの機能

　経済のメカニズムは、**図1-1**で示したように、消費主体である家計と、生産主体である企業の2部門で考えることができる。家計は**消費財市場**を通じて企業から財・サービスを購入する。その一方で、**労働市場**を通じて企業に対して労働サービスを提供し、**資本市場**を通じて貯蓄資金等を提供する（図1-1にはないが、土地市場を通じて土地を提供することもある）。生産要素は、労働と資本、および土地であり、それらが取引されるのが**要素市場**である。要素市場は企業間でも成立している。

　市場では、財・サービス等の流れに対して、それとは逆方向に、対価であるお金の流れが生じている。そこでは、価格をシグナルにして需要と供給を調整するメカニズムが働いている。市場で効率的な資源配分が達成されるというのは、価格が上がったり下がったりすることで、需要と供給が調整され、過不足なく必要なものが必要なところに提供されることを意味する。

　図1-1では、家計と企業という経済主体に加えて、政府という第3の主体を登場させている。そこでは、政府は、公務員を雇う際には労働市場を通じて労働サービスを購入し、また公共サービス等を提供するために生産物市場を通じて財・サービスを購入する（政府調達とも呼ぶ）。軍隊への入隊を強制する徴兵の場合には、自由意思に基づく労働サービスの提供ではないので、要素市場からの調達にはあたらない。除隊の際にわずかであるが報酬が与えられる場合もあるが、要素市場を通じていないことに変わりはない。

　その一方で、政府は、家計や企業から税を徴収する。税は強制的に課されるものであり、自由意思に基づくものではない。政府は、税を主な財源として、消費者や企業に対して公共サービスを提供する。そこでいう**公共サービス**と

図1-1 市場メカニズムと財政の働き

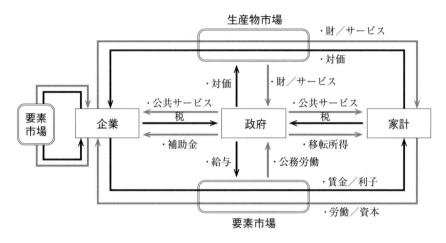

は、国防や外交、警察、法秩序の維持などの国民の安全を守るためのサービス、道路・港湾・河川などの**社会資本**、教育、保健・衛生・医療サービス、などの多様な分野からなる。それらの公共サービスは、市場では原則的に提供されない、あるいは十分に提供されないものであり、政府が必要とされる根源的理由がそこにある。

　政府は公共サービスの提供だけでなく、金銭を提供することがある。家計に対しては、生活保護を通じて最低生活を保障すると同時に、養老年金などの**社会保障給付**に対して、税金を投入している。それらは**移転支出**と呼ばれている。政府は企業に対しても、研究開発への補助金や、農産物の価格を維持するための補助金を提供している。それらは市場を通じた金銭の動きではなく、むしろ、市場で成立する価格を引き下げることを目的にするなど、市場の論理とは異なる政策目的に基づいている。そこでいう政策目的とは、社会的正義の実現であったり、経済成長の促進であったりする。

　市場の機能に対する財政の機能は、大きく3つあると整理されている。1つは、市場ではまったく供給されないか、十分には供給量が期待できない公共サービスを、政府が提供することである。これを財政の**資源配分機能**と呼ぶ。もう1つは、個人間の所得や資産の分配は、受け継いだ財産や市場による競争の結果として決まることから、通常、不平等であり、最低生活すら自力で確保で

きないことも十分に起こりうる。そこで、貧困の防止や、疾病あるいは高齢等による社会的弱者を救済することを目的に、所得の再分配が行われる。これを財政の**所得再分配機能**と呼ぶ。最後は、景気変動や金融不安など、市場経済がもつ不安定さを抑制するために、公共投資の増加や減税などの財政活動によってコントロールする**経済安定化機能**である。経済安定には、金融政策なども有効であり、それらを組み合わせて経済対策として実施されることも多い。これを財政の経済安定化機能と呼んでいる。

　財政の機能は、時代の要請に応じて注目されてきた。資源配分機能は18世紀に書かれた**アダム・スミス**の『国富論』に取り上げられており、所得再分配機能は19世紀の**ドイツ財政学**（正統派財政学）であるワグナーの財政学で重要視されている。また、経済安定化機能は、世界恐慌などを時代背景とした20世紀の**ケインズ経済学**を通じて、その必要性が広く知られるところとなった。市場ができないあるいは不完全にしか対応できないことを市場の失敗と呼ぶ。3つの機能に注目する限り、財政の役割は、市場の失敗を補うものという整理になる。

　財政の機能の広がりは、資本主義経済の発展と大きく関連している。工業が主要な産業になる過程で、農民が都市における労働者に転換する。その過程で、農地などの生産手段をもたない無産階級である労働者は、経済情勢によって常に失業と疾病による貧困という問題に直面することになる。19世紀後半にドイツ統一を果たし鉄血宰相と呼ばれたビスマルクが、医療保険などの社会保険制度を作ったのは、社会主義の台頭に対抗する意味もあったが、労働者階級の貧困と闘うことが国家の求心力を働かせるうえで重要であったからだとされる。資本主義経済の進展は、財政による所得再分配を必要とした。次いで、20世紀のケインズの時代になると、1929年に始まる世界恐慌というそれまでになかった規模の経済変動が生じているが、その背景にあるのは経済のグローバル化である。グローバル化は、それまで一国にとどまっていた経済変動の波を大きくすることで、市場の調整メカニズムでは十分に対処できず、政府が経済活動に直接参加して、経済を安定化させる方向で積極的に関与しなければならない状況をつくりだした。

　21世紀を迎えて、経済のグローバル化はさらに進み、経済を不安定にさせる

要因は大きくなっている。第2次世界大戦後に設けた先進国を中心とする世界経済の協調体制は、中進国の台頭によって維持できなくなり、新たな枠組みを必要としている。アメリカ発のリーマン・ショックや欧州金融危機は、世界経済の不安定化に深刻な影響を与えている。グローバル化は、国の統治機能の低下をもたらすので、財政金融政策では国際協調によってそれを補わなければならない。また、所得再分配機能に関しては、国による現金給付中心の政策から、地方自治体による現物給付による所得保障を重視する方向に転換してきている。

3　財政は社会・経済・政治を統合する

　図1-1は財政の機能を説明するものとして一般的なものだが、そこでは市場の機能が主であって、それでは対応できない分野を政府が補うという発想に基づいている。その結果、政府はできるだけ市場の機能を妨げるべきではないという論理が導かれる。政府の活動はできるだけ小さい方がよいとする考え方を**「小さな政府」**と呼ぶ。あるいは、国防や外交、警察など、政府にしかできないことに政府活動を限定すべきであるという意味で**夜警国家**と呼ぶ。それに対して、社会保障を積極的に進めるべきという考え方を**「大きな政府」**と呼ぶ。一般に、アメリカでは小さな政府論が比較的優勢であり、ヨーロッパ諸国、とくに北欧諸国では大きな政府論が支持されている。

　アダム・スミスは、「見えざる手」として、市場の機能の有効性を強調し、小さな政府を支持したと解釈されることがあるが、18世紀のイギリスにおいて所得保障政策がそれほど重要ではなかったことに注意を要する。当時、優勢であった重商主義者に対して、国富の源泉は生産力であると主張することで、グローバル経済を警戒した考え方とみることができる。経済のグローバル化が進むことに脅威を感じ、それに対抗するという意味ではケインズも同じであり、そこでは経済活動の基盤として国家の働きが重要であるとみなされている。

　図1-1で表した市場の機能が十分に発揮されるためには、安定的な金融制度の提供を含め、政府が公権力を強力に行使することが不可欠である。公正な市場取引が成立するためには、何が公正であるのかのルールを作り、それを破る不正を取り締まり、政府権力によって、違反者に対して経済的な制裁あるい

図1-2 財政をめぐる3つのサブシステム

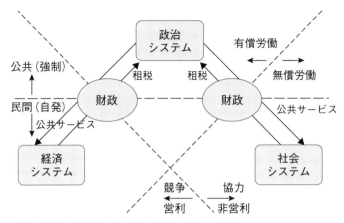

出所）神野直彦『財政学』（改訂版）、有斐閣、28頁、2007年。

は刑事罰を与えて、綱紀を粛正することで法秩序を構築しなければならない。そのためには、何よりも政府自身が公正な存在として国民の支持を得ていることが前提となる。市場は「信用」によって成り立っている。その基盤は政府の公権力の力と公正さである。

　私たちは個人であると同時に社会共同体の一員である。「経済」の活動においては個人である側面が中心だが、「社会」の構成員としては共同体の論理が意識される。社会統合のための仕組みが「政治」である。すなわち、私たちは経済・社会・政治の3つのシステムのなかに組み込まれており、財政はその3つのシステムを結び合わせる機能があることを説明したのが**図1-2**である（考案者は神野直彦東京大学名誉教授）。

　そこでは、政治と経済・社会を分かつものは、強制的（あるいは公共）か自発的（あるいは民間）かの違いであり、経済と政治・社会を分かつものは競争的（あるいは営利）か協力的（あるいは非営利）かの違いである。また、社会と政治・経済を分かつものは、無償労働か有償労働かの違いであると説明されている。そして、財政は政治を通じて、経済と社会のそれぞれに働きかける機能をもっている。図1-2は政治による経済への働きかけに注目したものだが、政治による社会への働きかけもまた重要である。

社会とはすなわち共同体であり、その原型は、家族であり狭域の地域社会である。私たちは、基本的に地域共同体のなかで生活を営んできた。個人主義の枠組みでは労働は所得を得るための苦役であるが、共同体では労働とは属するものへの貢献であり喜びを伴うものである。

　しかしながら、資本主義社会の発達は、人々の生活圏を広げ経済的なつながりを多様化することで地域共同体の機能を弱体化し、大家族の解体を通じて家族機能の弱体化をもたらす。そこで財政を通じて、家族や地域の共同体機能を社会代替することが必要となる。公的年金は家族が持つ世代間扶養の社会代替であり、介護サービスは家族や地域の相互扶助機能の社会代替である。子育て支援サービスの充実もまた、家族や地域が持つ子どもを扶養する機能の社会代替といえる。現代における国家は、政治は財政を通じて、経済活動と社会の機能を強化しなければならない。その結果、財政は政治・経済・社会を統合する役割をもっている。そして、家族や社会が持つ機能の社会代替を強調すればするほど、政府の規模は大きくすべきという考え方に傾くことになる。

　図1-2の枠組みは、**財政社会学**ともいうべきものであって、経済学のフレームだけには依拠しない財政現象の捉え方である。そこでは、人間が利己的な行動をするだけでなく、共同体の一員としての行動原理を併せ持つ。また、第5節で述べるように、経済学で前提となることが多い合理的な選択を行うことも、自明とは考えられていない。

　近年では、社会起業あるいは社会的企業という考え方に注目が集まっている。個人が社会共同体の一員であるのは当然だが、企業もまた、経済システムの主体であるだけでなく、社会共同体の構成員として一定の役割を果たすべきという考え方が浸透してきている。

4　民主主義政治と財政

　政治は財政を通じて、経済と社会に働きかけるが、先進諸国では民主主義政治のシステムをもっている。民主主義による政治体制は、イギリスの名誉革命やアメリカの独立戦争、フランス革命などの市民革命などを通じて段階を踏んで確立されてきた。ヨーロッパにおいては、20世紀に入って階級社会が維持できなくなり、普通選挙が普及するなど、一般大衆が政治に参加する大衆民主主

義の動きが一般化するようになる。政治をリードする社会階層は、それに必要な教育を受け、社会を支える自覚と責任感をもった者であるという階級社会の考え方が、次第に成り立たなくなり、大衆社会が出現するのが20世紀以降のヨーロッパの現象である。

19世紀後半から20世紀にかけて活動したスペインの哲学者であるオルテガが示したように、大衆民主主義の政治において、大衆が自らの限られた知見と価値観のなかで政治を動かすことは、本来、きわめて危険なことである。多くの国の政治システムのなかには、大衆の生活感覚と政治に求められる知見が一致しないことが少なくないことを前提に、代議制や官僚制度を通じて、統治機構のなかで政策課題に対応する部分があるが、それが次第に否定されているのが現代である。

大衆の生活感覚で政治を運営できない理由の1つに、政治、とりわけ国際政治は、一定の文脈と慣行を共有することを前提としたパワー・ポリティックスで動いていることがある。もう1つは、現代の社会経済システムが複雑であり、一人の人間がその全体を把握することが不可能であり、そこにあまりにも多くの課題があることがある。それにもかかわらず、政治に大衆民主主義の要素が加わるのは避けがたい状態にあり、政治システムによる問題解決がますます難しい状況となっている。

それに加えて、わが国の場合には、第2次世界大戦の敗戦によって、一般大衆は政治に対して一種の不信感が植え付けられたところから戦後社会がスタートしたという不幸な歴史がある。政治不信は、国民による自己否定につながる。

昭和45年、日本が先進国入りをしたことを象徴するイベントとして、東京オリンピックに並んで注目を集めた大阪万博に湧く世の中にあって、作家の三島由紀夫は「日本はなくなつて、その代はりに、無機的な、からつぽな、ニュートラルな、中間色の、富裕な、抜目がない、或る経済的大国が極東の一角に残る」（一部、旧仮名遣い）と述べた。そこには、敗戦によって失ったものを取り戻せないまま、経済活動だけが活性化する国の危うさが指摘されている。その当時、経済は成長経路のさなかであり、その後、1980年代に一度は日本経済が世界をリードする立場となったが、バブル経済が崩壊すると、国民が将来に不

安を感じる状況になっている。

　国民が政治に対して基本的に不信感をもつ構造にあって経済成長が鈍化すると、財政に対して重大な問題が発生する。それは**財政赤字**の累積である。わが国の財政赤字は、先進国でも突出して大きなものである。国内貯蓄が大きいことで財政赤字を吸収できている間は、問題は隠れているが、その解消に向けて道筋を付けていく必要がある。大衆民主主義による政治は、本来あるべき政策手段を選択することが難しいことが宿命付けられており、政治不信に悩む国においてはそのことはさらに深刻である。

　北欧諸国は国民負担率の高いことで共通している。重い国民負担を国民が許容するのは、国民は政府が負担に見合うだけの公共サービスを提供するという信頼感があるということでもある。財政が社会共同体を形成するものである以上、信頼感はその基本であり、政府への信頼感が強いほど共同体としての満足度は大きい。わが国では、国民負担をはるかに上回る公共サービスを受けた結果、財政赤字を積み上げていながら、なお、政府に対する不信感から十分な受益があるとの評価に結び付かず、国民負担の拡大に抵抗感が強く、結果的に財政赤字が積み上がるという構図から抜け出せないでいる。それがわが国の財政における最も根の深い課題である。

5　人間存在の矛盾と財政の働き

　人間とはどのような存在であると考えられてきたかをみるために、再び聖書に戻って考えてみよう。旧約聖書の最初は、人間の祖先であるアダムとイブの物語から始まっている。神はアダムとイブをエデンの園に住まわせ、これを耕させ守らせた。そこには、人間が生きるに十分なものがあり、そこで自由に採取して食べることができた。ただし、神は、善悪を知る木から採って食べてはならないと命じる。だが、蛇はふたりを誘惑し、それを食べるとあなたがたの目が開け、神のように善悪を知る者となると告げる。蛇にそそのかされ、結果的にそれを食べてしまったふたりは、神の怒りを買い、エデンの園を追われて、エデンの園の東に移り住み、これまで味わってこなかった生きる苦しみを感じるようになったとある。

　そこで善悪を知る木の実を食べるとは、人間が神のように主体的な存在とし

て、自らの価値観に沿って生きるということへのメタファー（暗喩）であろう。キリスト教では、神の意思に従って生きる信仰を持つことが、苦しみから解放につながると説いている。逆にいえば、自ら主体的に生きることをめざそうとして、それができないことで苦しみを感じるのが人間の本質であるといっている。それは、人間存在そのものが矛盾に満ちたものであり、自らこうありたいと自覚しているようでいて、本当に自分がどう考えているかすら気が付かない、あるいは気が付くことすら避けることで、自らを制御できないということである。つまり、人間行動には、本質的に合理性は求められない。聖書で語られているのは、人間は合理的な存在ではないことを出発点として、その主体性を放棄して神に依り頼むことの重要性である。

　主流派経済学では、その論理的な枠組みの必要から、経済主体は、限定付きではあるが、合理的に行動することが前提である（近年では、合理性を前提としない経済分析も注目されている）。人間の経済活動を理論的に捕まえる際に、合理性が支配していることを前提にすることが妥当であることは少なくない。株式市場における売り手と買い手の行動は、不確実性を前提に、利益の最大化という合理的な行動原理に基づいていると考えてなんらおかしくない。シカゴ学派のように、たとえば結婚等の経済活動以外に経済的論理を当てはめることも可能である。目標が単純で、無機質な行動であって大数の法則が働く対象に対して、合理的行動の仮説によって分析することは有効である。

　しかし、同時にそれがすべてではないことも重要である。たとえば、国民年金の加入者では、保険料納付率は60％台と極端に低いが、納付しなかったために受給権を失い、高齢者となって生活保護を受けることが合理的な選択の結果といえるのかどうか。若いときに一定以上の収入はあったものの、その日暮らしの享楽的な生活をしてきた、あるいは無類の博打好きで、将来の蓄えなどをしないなかで、高齢者となって収入がなくなり路上生活に追いやられることが合理的といえるかどうか。あるいは反社会的な行為や倫理的に誤った行為に対して制裁を受けたために、持っていたものの多くを失うことをどう考えればよいのか。

　そのような行動は、不確実性が大きいあるいは情報の完全性がないなかでの合理的な選択の結果であると説明することも可能であろうが、人は自分がどう

ありたいのかを、自ら知りえない存在であるとみることの方が自然であろう。生きる悩みや生きる苦しみは、自分と向き合えないことからくることが多い。

　そのような側面に注意をすれば、個人の固有の事情を勘案しながら、個人に寄り添って社会的にサポートする仕組みである社会保障などの諸制度と、それを支える財政が重要であるとなる。合理的に判断ができる者から社会が成り立っていると考えれば、財政の規模は小さくてよいが、現実はそうではない。

　伝統的なドイツ財政学のながれとサミュエルソンなどの近代経済学の分析手法を統合した財政学者であるマスグレイブは、市場では提供できない公共財を、外部性などの公共サービスの性質によって説明しようとする一方で、**価値財**という概念を捨てなかった。価値財とは、個人の選好や選択に反して、社会的に価値があるために供給する（たとえば義務教育や予防接種）か、その逆に供給を社会的に禁止・抑制する（たとえば麻薬、ギャンブル）ものをいう。マスグレイブの論理体系のなかで価値財はやや異質な存在であるが、合理的な選択では説明できない財政的な現象を捨てられなかったといえる。

　一般的に、特定の歳出に特定の税目の税収を結び付ける**目的税**は、資源配分を歪めるものと考えられている。特定の公共サービスの望ましい供給量が、一部の税目の税収の多寡と一致しないのが普通だからである。しかし、公共サービスや税あるいは社会保障負担に対する国民の評価が必ずしも合理的とはいえない場合には、目的税で財源を調達する方が、経験的に納得が得られやすい。もっといえば、政府関係者の説明の仕方の違いだけで、社会的に受け入れられるかどうかが左右されることがある。

　財政学とは現実に対する学問であるので、そのような現象が起きうることを念頭において、制度設計のあり方などを分析しなければならない。合理的な選択を前提にできないことも多い。そこに財政学の難しさと魅力がある。

　経済的合理性を前提に論理を組み立てないことで、クリアな結論をむしろ避けて、さまざまな相矛盾する考え方のなかで、巧みにバランスを図るという、すっきりしない結論になりがちである。そこで問題が起きれば、そのときの状況において対応策を考えていかざるをえない。どこまでいっても完全に解決しないまま、時がたち、背景が大きく変わるなかで別の大きな問題に悩まされる、といったことになりがちである。財政学が人間の学問であるということ

は、そうした結論であることに論理的でないと拒否するばかりではなく、ときに肯定して、複雑な問題を複雑な構造のまま引き受けて、社会を自ら担うということでもある。矛盾に満ちた人の生きる営みを肯定することが、財政学におけるアプローチでなければならない。

第2章
予算

1　憲法における財政に関する規定

　国家は、政治や経済などの面において、個人や企業等に対して強大な力をもっている。国家権力を担う者が暴走すれば、その影響は計り知れないほど大きく、不幸な結果を招くことになる。そこで、歴史的にみても、国家権力をどのように抑制するかが大きな課題とされてきた。ヨーロッパの近代市民革命では、絶対王政である国家権力に対して、国民の権利を認めさせることが基本にあり、その背景にはホッブズやロック、ルソーなどに代表される社会契約説の考え方があった。わが国の憲法は、多くの先進国の憲法と同様に、社会契約説をベースに、政府が国民に対して果たさなければならない役割や、国民の権利と義務などを規定している。

　日本国憲法は、第11条において国民に対して基本的人権を権利として保障することを明記し、その下で国民の権利を規定している。第13条においては、国民は個人として尊重され、公共の福祉に反しない限り、生命、自由および幸福追求に対する権利が尊重されるとされている。また、第25条では「すべて国民は、健康で文化的な最低限度の生活を営む権利を有する」として生存権が保障されている。反対に憲法が国民に求めている義務は、子ども等に対して教育を受けさせる義務（第26条）と勤労の義務（第27条）、および納税の義務（第30条）である。

　政府の活動は、基本的に法令等によって規定されるものであるが、財政を通じた活動は、その影響力が大きなことから、憲法のなかで大きな枠組みを規定

したうえで、個別の法令で改めて厳密に規定することが多く、諸外国と同様に、わが国でもそのようにしている。

ところで、第41条は「国会は、国権の最高機関であつて、国の唯一の立法機関である」と規定している。わが国は、国民の代表として普通選挙で選出された議員による国会をもっている。したがって、次章で取り上げる**租税法律主義**を定めた第84条と第41条を合わせると、国会議決に基づかない課税は無効であることになる。国税が国の法律に基づくのは当然であるとしても、地方税もまた国の法律に基づいて課税されるのはそのためである。

日本国憲法は、第7章「財政」において、第83条から91条までの9条を割いて、財政活動に関する規定を設けている。憲法83条では「国の財政を処理する権限は、国会の議決に基いて、これを行使しなければならない」と規定しており、財政活動が国会の統制下に置かれる原則を明らかにしている。以下、租税法律主義の第84条の後、第85条から第91条までにおいて、国費の支出や債務の負担、予算の策定と議決、予備費、皇室の財産と予算、公金の支出や公の施設の利用の制限、決算と会計検査、国の財政状況についての報告について規定している。特に、第89条では「公金その他の公の財産は、宗教上の組織若しくは団体の使用、便益若しくは維持のため、又は公の支配に属しない慈善、教育若しくは博愛の事業に対し、これを支出し、又はその利用に供してはならない」と定めている。それは、信教の自由や政教分離の観点から政府の財産の利用等を制限するための規定である。

2　予算と決算に関する憲法規定

予算とは、政府の財政活動に関して期間を定めた計画であり、政府を統制するために編成されるものである。予算の要件は、あらかじめ作成されること、一定の期間における収支の計画であって基本的に金額で表示されていること、議会の議決を得て有効なものとなることなどからなる。政府予算は法律に準じる強い拘束力をもっており、政府はそこから逸脱する支出や借入等はできない。予算に対して、国の場合には財政法、地方自治体の場合は地方自治法に多くの規定が設けられている。

予算・決算に関する憲法規定は次の通りである。まず、第60条は「予算は、

さきに衆議院に提出しなければならない」として、**衆議院の先議権**を認め、第2項において「予算について、参議院で衆議院と異なつた議決をした場合に、法律の定めるところにより、両議院の協議会を開いても意見が一致しないとき、又は参議院が、衆議院の可決した予算を受け取つた後、国会休会中の期間を除いて30日以内に、議決しないときは、衆議院の議決を国会の議決とする」として、参議院に対する**衆議院の優越**を認めている。それに対して、一般の法律では、衆議院の先議権はなく優越も認められていない（第59条第2項では、「衆議院で可決し、参議院でこれと異なつた議決をした法律案は、衆議院で出席議員の3分の2以上の多数で再び可決したときは、法律となる」として衆議院の再議権を定めている）。予算と同様に衆議院の優位性が認められているのは、条約の承認と首相の指名に関してのみである。予算は、政府活動が滞らないためには基本的に年度初めまでに定められている必要があり、そのために、衆議院と参議院の議決が異なったときに備えて、衆議院の優越を認めている。

　法律の場合には、内閣が国会に法案を上程する閣法と国会議員が上程する議員立法があるが、予算については、内閣だけが国会に案を提出できる。内閣の司る事務を定めた憲法第73条は、「予算を作成して国会に提出すること」を明記し、第86条では、「内閣は、毎会計年度の予算を作成し、国会に提出して、その審議を受け議決を経なければならない」と定めている。

　それに対して、決算については、憲法第90条は「国の収入支出の決算は、すべて毎年会計検査院がこれを検査し、内閣は、次の年度に、その検査報告とともに、これを国会に提出しなければならない」とし、第2項で「会計検査院の組織及び権限は、法律でこれを定める」としている。

3　予算による統制機能と予算の種類

　予算は、政府の財政権限を拘束する文書であり、国民（住民）の代表である議会が内閣（地方自治体の場合には知事や市町村長等）を統制する手段である。それは民主主義政治において、被統治者が統治者をコントロールするという意味で最重要なルールであるといってよい。政府の権限は強力であるので、事前統制が重要となる。

　もっとも、予算のうちの歳入の主要な部分を占める租税収入は、租税法律主

義に基づいて税法の議決を受けることで別途統制されている。仮に、景気が上振れするなどの理由で、歳入予算における税収入の見込額をこえて租税収入が納付される見込みになった際にも、歳入予算額が確保された時点で、収入を打ち切ることはない。それに対して、歳出予算については、予算計上額を超えて支出することはできない。したがって、予算による統制の中心は、財政権限のなかでもとりわけ歳出権限を、事前に議会が政府に対して付与することである。その反面で、決算については議会の認定を受けるものの、認定されなくても決算が無効になることはない。事前統制が事後統制よりも重視されている。

対称的に、民間企業が株主の統制を受けるのはもっぱら事後統制であって、事前統制はそれほど重視されていない。民間企業にも予算書にあたるものはあるが、それは経営計画の一種であって、株主による経営者の財務的な活動への拘束を持つものではなく、事前統制の手段とはなっていない。

近年では、政府では事前統制が強すぎることの弊害が目立つとして、政策評価や情報開示を通じて、事後的なチェックを効かせることが、効率的な予算の編成や執行に有益であるとされている。それは重要であるが、そのような取り組みを進めることで、予算による事前統制の必要性が小さくなるわけではない。

国の予算は、一般会計予算、特別会計予算、政府関係機関予算からなる。代表的なものは一般会計予算であり、その内容は、**予算総則**、**歳入歳出予算**、継続費、繰越明許費および国庫債務負担行為からなる。予算総則では、財政法が原則禁止をしている国債の発行対象となる経費や債務保証の範囲などを列挙することが中心的な内容である。また、平成11年度から、**消費税**は社会保障の財源と位置付けられるようになったが、それは予算総則で消費税の収入が充てられる経費の範囲として、一般会計の歳出において社会保障関係経費を列挙することで規定されている。

次に、歳入歳出予算は、予算の中心となるものである。歳入では、主管として府省名を記し、それに続いて、大きな分類から順に、部、款、項に分けて内訳を示している。また、歳出では、所管と組織で府省名とその下の組織を記し、それが管理する歳出項目を項で示している。項までが国会の議決を要する**議定科目**である。それ以下の事項や目からなる細目は行政科目と呼ばれ、予算

書では、歳入については予算明細書、歳出については予定経費要求書等のなかで示されている。

継続費、繰越明許費および国庫債務負担行為の3つは、いずれも予算の**単年度主義の原則**の例外を示すものである。議会による統制を重視するうえで、予算は単年度で制御されるべきであるが、例外的にそれになじまないものもある。継続費とは、工事や製造等で、完成に数年度を要するものについて、経費の総額と年割額を定めて複数年度にわたって支出するものである。具体例では自衛艦の建造が多い。繰越明許費は、その性質上または予算成立後の理由に基づいて年度内にその支出が終らないと見込まれるものについて、予め国会の議決を経て、翌年度に繰り越して使用することを認めるものである。たとえば、年度後半に成立した補正予算における公共事業等では、年度内に執行が完了せず、繰越明許費の対象となることが多く、システム開発費関係など繰越明許費の対象は多様である。債務負担行為は、政府が将来の財政負担を約束するものである。ただし、それを乱発すると歳出予算による制約が効かなくなるので、債務負担行為は、国会の議決を要するとしている。近年では、電子機器・事務機器等のリースやシステムの運用関係などが対象になることが多い。

4　予算の機能と原則

予算には、これまで説明してきた統制機能のほかに、管理機能や計画機能がある。管理機能は、国民が予算を通じてどのようなサービスが提供されているかや、それに対してどのような財政負担を行っているかを知ることで、公共サービスの適切な提供に導くことである。統制のための予算の形式と管理のための予算の形式は、本来異なってもよい。管理のためには、個々のサービスの内容を深く説明する方がよいので、**事業別予算**（performance budget）の形式が優れている。一方、事業別にすると、議定科目の「項」よりも細かい区分になるので、議決対象にはできず、統制機能からするとそこまで拘束すべきではないとなる。

計画機能は、予算が1年間の収支計画であることから、政策の実施計画を毎年度の予算と結び付けることで、確実に実行されることを確保する機能である。たとえば、第5章で取り上げる社会保障改革では、毎年度の消費税収の税

率引き上げに伴う増収の時期と、個々の社会保障制度の改革の実施時期のタイミングを合わせるように計画されているが、そのことを着実に予算に反映させることで、予算の計画機能が果たされることになる。

予算には、以下で紹介するように、伝統的にさまざまな要件が必要であると考えられてきた。それらを予算原則と呼んでいる。もっぱら、統制機能を果たすうえでの具体的な要件である。まずは、完全性の原則である。すなわち、収入と支出のすべてが予算のどこかに計上されていて、漏れがないことである。その際に問題になるのは、公共サービスの提供にあたって受益者負担を徴収し、それを費用の一部に充当している場合である。完全性の原則に照らすと、総費用から収入を引いた純計額しか計上しないとすることは、国民の目から隠されたお金の流れがあるので適切ではない。費用と収入のすべてを計上する総計予算主義が必要とされる。政府が財産を売り払うことが予定されている場合にも、その見込額が、雑収入として予算に計上される。

次に、明瞭性・単一性の原則である。明瞭性とは、収支の細目が目的に沿って適切に区分されるなどを通じて確保される。歳入歳出予算の歳入・歳出項目の区分の原則は前節で述べた。一方、単一性の原則とは、すべての収入と支出を、原則として1つの予算に一括して計上することで、全体が総覧できるようにするとともに、国民が望む公共サービスを提供できるように、資源の最適な配分を可能にするための原則である。

かつて国税では、揮発油税等の自動車の利用に関係した税収を道路整備財源に充てるという目的税的な運用を行っていた。道路整備を強力に進めるという意味で昭和30年代に始められた政策である。受益と負担という観点で説明は可能であるものの、道路整備の必要額が特定の税収入に一致する必然性がないという意味で、本来は望ましいことではない。単一性の原則を守って、特定の税収入等を特定の支出に結び付ける運用をしないことを、**ノン・アフェクタシオンの原則**という。わが国の国家予算の場合には、中心となる**一般会計**のほかに**特別会計**を設けているが、それは単一性の原則にこだわることで、かえって問題が生じるような特別な収支の動きを捕捉するためである（詳しくは第6節）。

3つめは事前性と厳密性である。予算は、年度が始まる前に成立していることが必要である。先述のように、予算の自然成立のルール（衆議院が予算案を議

決後30日以内に参議院が議決をしない場合に、衆議院の議決案が予算として成立する）が憲法に設けられているのも、事前性の原則を確保するためのものである。予算案の否決は、その内閣の不信任案に等しいと受け取られるのは、予算が成立しなければ、政策運営全体が停滞して、国民生活に大きな支障が生じるからである。

　一方、厳密性の原則は、主として収入とりわけ税収入の見積りに関して、可能な限り正確に予測することを求めるものである。しかしながら、現実には経済変動を事前に予測することは難しく、法人関係税を中心に、経済変動に応じて上振れや下振れをすることが多い。その場合には、年度途中で歳入の見積りを修正して、それに応じて歳出を調整する補正予算を組むことになる。

　4つめは、統制機能から直接導かれる原則としての限定性の原則（または拘束性の原則）である。限定性の原則は、予算に定める費目の範囲で執行するという意味での質的限定と、予算で定める金額の範囲で執行するという意味での量的限定、および定められた年度内での執行という意味での時間的限定の3つからなる。

　質的限定は、支出目的以外の執行ができない意味であり、流用を禁止することである。議定科目は、国会の議決を得て決定されたものであるから、原則的には認められない。ただし、あらかじめ予算総則に明記するなどで予算として議決を得た範囲ならば、予算の目的を変えないで組織間で執行の所属を変更する「移替」や、同じ組織のなかでの項を変更する「移用」が可能である。それに対して、行政科目である目のなかでの変更である「流用」は、財務大臣の承認があれば可能である。

　量的限定は、補正予算等で予算の額を変更しない限り、予算額を超えて執行ができない超過支出額を禁止することである。不測の事態に備えて歳出予算で予備費を設ける場合があるが、事前性の原則の趣旨に照らせばその額は最小限でなければならず、その執行を行った場合には、国会に報告し承認を得なければならない。

　時間的限定は、各会計年度における経費は、その年度の歳入をもって支弁しなければならないという**会計年度独立の原則**に係るものである。その例外としては、先に述べた継続費や繰越明許費、国庫債務負担行為がある。会計年度独

立の原則とよく似たものに、日本国憲法第86条が定める単年度主義の原則があるが、「内閣は、毎会計年度の予算を作成し、国会に提出して、その審議を受け議決を経なければならない」という条文にあるように、それは国会による議決の必要を求めた規定であり、趣旨が異なる。

5つめは公開性である。予算が国会で議決されるためには、その内容が国会議員に公開される必要があることは当然だが、国民にも広く公開されなければならない。

以上のようないわば古典的原則に対して、現代的原則ともいうべきものがある。現代的原則では、古典的原則の一部を緩めて、政府の裁量権を広げて権限を強化する代わりに、報告や情報管理を強化することで、全体的に効率的な予算の執行をめざすものである。

5　予算編成の過程

図2-1は、平成28年度の予算編成と予算運営、およびそれに関連する事項のスケジュールを示したものである。X年度の国家予算の予算編成に関する重要審議は、近年では、$X-1$年度の早い段階で、内閣府に設置された**経済財政諮問会議**で始められる。経済財政諮問会議は、首相の諮問に応じて、経済全般の運営の基本方針、財政運営の基本、予算編成の基本方針や、その他の経済財政政策に関する重要事項についての調査審議をして首相に意見を述べるなどの役割がある。平成13年に実施された省庁再編では、首相は予算編成でリーダーシップを発揮することが目的の1つとされ、経済財政諮問会議が設けられた。経済財政諮問会議は、民主党政権下で休会していた時期を除き、毎年度、財務省が行う予算編成作業の開始に先立つ6月頃に「経済財政運営に関する基本方針」（内閣によって名称は異なる）を取りまとめ、閣議決定されることで政府方針となる。

それを受けて、財務省は7月下旬に概算要求基準を設定し、閣議了解を得る。平成28年度予算編成の場合には、地方交付税交付金等、年金医療等、裁量的経費、義務的経費に分けて、それぞれについて要求額の上限（シーリング、天井の意味）を定めている。各府省は、財務省に対して、8月末までに**概算要求**を行わなければならない（平成28年度予算の場合、9月4日に各省の概算要求・要

図2-1　平成28年度予算の編成過程

経済財政運営と改革の基本方針2015 〜経済再生なくして財政健全化なし〜の閣議決定（平成27年6月30日）
概算要求基準閣議了解（平成27年7月24日）

各省各庁の概算要求（平成27年9月4日）

平成28年度予算編成の基本方針の閣議決定（平成27年11月27日）
平成28年度の経済見通しと経済財政運営の基本的態度の閣議了解（平成27年12月22日）
政府案閣議決定（平成27年12月24日）

政府案国会提出、審議開始（平成28年1月22日）
　国会における財務大臣の財政演説
　平成28年度予算及び財政投融資計画の説明

予算成立（平成28年3月29日）
　執行開始（平成29年4月1日）

補正予算案閣議決定（平成28年5月13日）
　成立（平成28年5月17日）

第2次補正予算案閣議決定（平成28年8月24日）
　成立（平成28年10月11日）

第3次補正予算案閣議決定（平成28年12月12日）
　成立（平成29年1月31日）

望額が、財務省によって取りまとめられ公表されている）。

　その後、各府省は財務省主計局の担当者との間で要求ヒアリングを行い、予算編成作業が積み上げられていく。一方、11月末には、経済財政諮問会議で「予算編成の基本方針」が審議され、閣議決定される。12月に入ると、査定作業が本格化し、財務省主計局の局議を経て、年末に政府予算案が決定される。それに先だって、次年度の税制改正法案が決定され、それに合わせた次年度の税収見積りが確定することで、歳入予算のフレームの柱が固まる。また、社会保障改革などの次年度の予算編成に関わる重要事項も、12月の政府予算案の閣議決定に合わせて政府としての方針を決定して、歳出予算に反映させる必要がある。政府予算案の作成の最終段階では、各省の大臣と財務大臣による大臣折

衝が行われる。また、政府予算案の閣議決定の直前には、次年度の経済見通しと経済財政運営の基本的態度が閣議了解されるが、そこでは併せて中期的な財政運営方針が盛り込まれている。

政府予算案の閣議決定の段階で、予算のフレームは固まっているが、その詳細な予算配当額は、その後、事務方によって詰められ、最終的に予算書の細部が固められていく。通例では、1月下旬に通常国会が開催されて、首相による施政方針演説が行われ、それに引き続き財務大臣が財政演説を行い、予算の大要を説明する。そして、各党の代表質問が終わると、予算委員会が開催され、予算審議が本格的に始まる。そこに政府予算案が提出される。

衆議院での予算案の議決が2月中に可決されると、衆議院と参議院の審議時間は同じとする慣例があることと、憲法が定める30日ルールや衆議院の議決の優先があるので、予算が年度内に成立する見込みが立つ。もっとも、税制改正法案など、予算とその執行に一体化した予算関連法案があり、その成立は、通常のルールに従って、衆議院と参議院の両院での議決が必要となる。

国会での予算審議が滞ることで、年度内に予算が成立しなかったことも過去には何度もある。新年度を迎えて予算が成立していないと、政府活動はストップしてしまうので、その場合には、政策的経費を除く最低限の義務的経費等だけを盛り込んだ**暫定予算**を成立させる。本予算が成立した段階で、暫定予算は本予算に吸収されるかたちになる。

年度途中に、経済対策のための政策経費の上積みや、大災害からの復旧・復興予算の手当、税収見積りの下振れ等に対応するために、歳出あるいは歳入を見直すために年度途中に編成されるのが**補正予算**である。平成28年度では、6月に主として熊本地震への対応、10月に経済対策、12月に国税収入の見積もりの減額修正等のために補正予算が編成され、国会で成立している。

6　特別会計

国の予算では一般会計のほかに特別会計がある。特別会計の数は、戦後最大で45を数えていた時期があったが、近年、特別会計の整理が進められた結果、平成28年度現在で、14会計まで減少している。単一性の原則にもかかわらず、特別会計で処理している理由は、国が、①特定の事業を行う場合、②特定の資

金を保有してその運用を行う場合、③その他特定の歳入をもって特定の歳出に充て一般の歳入歳出と区分して経理する必要がある場合、のいずれかであって、一般会計のなかで処理してしまうことで、かえってその活動がわかりにくくなるためである。

　①に該当するものでは、保険事業を行う地震再保険、労働保険、年金、貿易再保険の各特別会計、行政的事業を行う食料安定供給、特許、自動車安全の各特別会計がある。保険事業の場合には保険料収入、行政的事業の場合には事業収入があるなどの理由で、一般会計から区分経理することが望ましい。②に該当するものでは、外国為替資金と財政投融資の各特別会計があり、それぞれ資金運用を行う会計である。③に該当するものでは、交付税及び譲与税配付金、エネルギー対策、東日本大震災復興、国債整理基金、国有林野事業債務管理の特別会計があり、それぞれ性格は異なるが、国税収入の一部を、一般会計を経由するか経由しない直入で受け入れるものであったり、債務の償還を行うものであったりする会計である。

　予算編成や国会審議では、特別会計も一般会計と違いはないが、特別会計にしかない規定も多い。まず、特別会計では個別の法律で特別会計の区分経理の対象となる歳入歳出を具体的に規定している。特定の特別会計では、借入等の実施または公債の発行を認め、不測の事故で保険給付の財源が不足する場合や、国債の償還に充てるための借換債を発行する場合に対応するとしている（借入金等の限度額は、予算をもって国会で議決を経なければならない）。剰余金の処理については、特別会計では、一般会計への繰入れを一律に義務付けておらず、一般会計にはない積立金を積むことが認められている。支払いを手元現金の範囲で行う必要があるとされる支払元受高制度によって、一時的な資金不足に対応するための一時借入金等の制度が設けられている。特別会計によっては弾力条項制度が認められ、事業量の増加等に応じて経費の増額が必要となる場合に、収入の増加を確保できる範囲で議決の額を超えた支出を認めている。それらは、特別会計の性格に応じて、柔軟な区分経理ができるようにする規定である。

7　予算の執行と決算

　わが国では、会計年度は4月1日に始まり3月31日に終わる。一般に、どの会計年度に属するかを判断するときには、債権債務の発生した時期に基づく**発生主義**と、現金の受け渡しのあった時期に基づく**現金主義**の2つの原則がある。会計年度独立の原則では、実質的にその年度に属すべき収入支出をその年度の経理対象にすることが望ましい。そこで、わが国の会計法は発生主義を原則として、例外として現金主義に基づくとしている。しかしながら、後述する出納整理期限を越えて現金が授受される場合には、授受のあった時点での年度に属することとされる。

　一方、わが国の政府会計は、民間企業のような発生主義会計の会計原則によるのではなく、現金主義会計の財務規則によって、予算・決算が調製されている。予算の持つ統制機能を重視すれば、現金主義会計による財務規則に基づくことが自然である（その一方で、政府の財政活動であっても、企業的な性格が比較的強い、国の特別会計のなかでの企業会計や地方自治体の地方公営企業は、発生主義会計に基づく会計基準が適用されることがある）。すなわち、政府の場合には、原則的に現金主義会計の財務規則によりながら、会計年度の区分については、発生主義に基づくことを原則としている。

　公共事業などの場合、年度末までに工事が完了すると、契約どおりの工事になっているかの検査が行われたうえで支払いが行われるので、支払期間は年度を超えることが多い。3月末に決算を行う企業の場合、法人税の支払い義務は年度末に発生するが、実際に納付されるのは新年度に入ってからとなる。このように年度を越えてから現金の授受が行われるものの、そのような支出や収入は、原則として支払義務や租税債権が発生した年度としなければ、会計年度のなかで完結しない。そこで、現金出納整理期間を5月31日までとすることで、その問題に対処している。すなわち、**出納整理期間**は会計年度独立の原則を、執行上、徹底させるために必要な措置である。

　歳出予算の執行は、契約にあたる支出負担行為によって支出の義務を確定させ、支出行為によってその義務を履行する2段階で行われる。各府省は、公共事業については、支出負担行為において実施計画を作成して財務大臣の承認を

得ることが必要となる。また、各府省の支出においては、公共事業以外も含めたすべての支出に対して四半期ごとに支払計画を作成し、財務大臣の承認を得なければならない。支払計画は日本銀行に通知され、支払いは日本銀行宛ての小切手の振り出しによって行われる。このような手続きが取られているのは、公金の支払いに関して透明性が確保され、不正の類いを誘発しないようにするためである。

　会計年度が終了し、現金出納整理期間が終了すると、7月31日までに、各府省の長は決算報告書を作成して財務大臣に報告する。財務大臣はそれを取りまとめて決算を作成し、閣議決定を経て、各府省の決算報告書を添えて、11月30日までに内閣から**会計検査院**に送付する。

　会計検査院は内閣の一部であるが、独立性の高い組織であり、決算に対して会計検査を行う。会計検査が終わると、内閣は、会計検査院の検査報告書を添えて決算を国会に提出し、決算委員会等を通じて、国会の審議を受ける。仮に、決算の内容が不適切であるとして決算報告が認定されない場合でも、それに対する拘束力はなく、予算執行の効力が無効になることはない。

　平成26年度決算の場合、国会提出は、28年1月4日である。その時期は、平成27年度予算が執行中であり、間もなく28年度予算の国会審議が始まる。このように、同一年度に決算、執行、編成が並行して行われることを**予算循環**という。決算の結果あるいは検査報告については、国会審議等を通じて、予算に反映されるなど、効率的な予算の執行につながるものでなければならない。

　決算の結果、多くの年度では、一般会計の収入済歳入額が支出済歳出額を上回って歳計剰余金が生じるが、ときには歳入見積りの額が確保できずに不足が生じる場合もある。一般会計の剰余金は、翌年度の歳入に繰り入れられるが、歳出予算の繰越額等を控除した純剰余金に対して、その額の2分の1を下回らない金額は、当該剰余金が生じた年度の翌々年度までに、公債の償還財源に充てるという財政法上の規定がある。また、一般会計に歳入不足が生じて歳入欠陥が発生した年度では、決算調整資金から繰り入れることとし、当該年度の翌々年度予算で決算調整資金の取り崩し分を埋めることとなっている。

8　予算制度の改革

　古典的予算原則に対する現代的予算原則は、どちらかといえば、予算統制を緩めて決算重視にウエイトを移すことで、予算の効率的執行をめざした成果主義の考え方によっている。企業会計の考え方を取り入れるものであるともいえる。近年の予算制度改革の基本的方向はそこにある。

　先進国の多くが財政赤字の拡大に悩むなかで、基本的に、予算規模を圧縮するための手段として、予算制度改革が提案されることが多い。予算は、住民の代表として議員に対してだけでなく、住民にとってわかりやすく、情報が広く公開されていることが望ましい。それに加えて、大衆民主主義ともいうべき時代にあっては、住民が選んだはずの議員に対して大衆が不信感を持つという構図があり、予算の効率的な執行を促すために市民参加が強調され、その手段として予算制度改革が注目されることもある。

　近年の予算制度改革は、大別して、事業別予算と企業会計方式の導入の2つの観点から構想されてきた。事業別予算は、第4節に述べたように、予算を統制機能の対象となる拘束性のある文書としてではなく、納税者に対して住民サービスの内容を説明する資料として作成するものである。事業別にすることで、住民サービスの内容を伝え、そのコストを明らかにし、過去の実績や今後の見通しなどを伝えることで、サービス提供の計画を明らかにする意図もある。近年ではそれに政策評価が結び付くことで、サービス提供の効果を示そうとする場合も多い。

　そうした考え方を取り入れた予算制度改革に、アメリカで1960年代の後半から70年代にかけて一時期実施された **PPBS**（Planning-Projecting-Budgeting-System）がある。各省の目標を数値化し、それを達成するのに最適な事業を費用—便益分析で選択し、それを予算化するものである。しかし、目標の数値化や評価測定が困難であるなどの理由で継続されなかった。アメリカの予算改革では、その後、ゼロベース予算やサンセット方式などの予算規模圧縮のための手法が採用されている。

　企業会計方式の導入は、わが国を初め、多くの先進国で段階的に進んでいる。政府サービスの民間委託の推進や民営化、あるいはPFIを推し進める際

に、民間企業と共通の会計制度を導入することでコスト比較が可能になるなどのメリットがある。もっとも、予算の統制機能を重視すれば、現金主義会計の予算制度は不可欠であり、まったく放棄する国はない。わが国の場合には、企業会計方式による決算書を作成して、財政情報の開示の一環として、参考資料として提供するかたちをとっている。現状では、国とほとんどの地方自治体が、企業会計方式による財務書類の作成を行っている。

　企業会計方式と関連したものに、**複式予算制度**（double budgeting system）がある。それは、現金主義会計予算を経常予算と資本予算に区分し、経常予算で人件費や公債費などの義務的経費を取り扱って、そこで生じた余剰を資本予算に繰出し、資本予算ではそれと起債によって投資的経費などの財源を確保するものである。資本予算でのみ起債を行うのは、いわゆる建設公債主義に基づく考え方である。複式予算制度は、将来的な建設計画に係る財政支出が可能かどうかの中長期の財政計画の策定の際に有効である。わが国では複式予算制度の考え方はそれほど浸透していないが、自治体財政の財政指標の1つである経常収支比率は、経常予算の収支を示すものとして、複式予算の考え方に通じるものである。

第3章

税制

1 税のあり方

　憲法において、財政に関する政府の活動のなかで最も厳しく制限すべきことは課税権である。古来、国家権力への国民の反発の多くは、重税または不公平な課税に原因があるといってよい。ヨーロッパの歴史に照らすと、近代国家の歩みは、国王など為政者の国民に対する課税権の濫用を防ぐために、納税者の代表が了解しない課税は無効であるとするために、議会制度を整えて、課税権をコントロールすることに始まるといえる。後になって課税権だけではなく歳出権限の付与も議会の制御の対象となり、それらが前章で取り上げた予算制度として整えられていくことになる。

　日本国憲法第30条は「国民は、法律の定めるところにより、納税の義務を負ふ」として納税の義務を定めている。同時に、同条は、課税は法律の規定によることを求めている。第84条で、改めて「あらたに租税を課し、又は現行の租税を変更するには、法律又は法律の定める条件によることを必要とする」とする租税法律主義を定めている。課税権の執行は、国民の代表者が議決した法律に基づくことを通じて、国民の同意を得たものに限られることとなる。それが国家の課税権を制限する基本原則である。

　一方、第30条は、前提条件なしに国民の納税義務を定めることで、国家に課税権があることを認めている。近代国家は、王家の財産に収入を支えられるものではなく、それ自体は基本的に財産を持たない**無産国家**である。わが国には多額の国有財産があるが、それによって毎年度の公共サービスの財源が賄える

ものではない。現在でも産油国の一部には有産国家（王家の財産という意味で家産国家といってもよい）があり、国民に納税の義務が広く免除されているが、それはごく例外的であって、納税の義務がなければ国民の権利を主張する根拠も薄くなる。

　無産国家とは、土地や労働、資本の生産要素を国家が所有しないことを意味する。市場経済が発展すると、生産要素は、原則として国民や企業の所有となる。したがって、国家は国民や企業から税を通じて貨幣を調達し、資源の購入に充てなければならない。そのような国家を**租税国家**と呼ぶ。租税国家では、国民は義務として強制的に、反対給付を前提としないで税を負担する。市場経済の下で、政府は税を強制的に無償で調達し、それを財源に、統治行為を行うことになる。

　市場経済を前提とする現代社会でも、政府が一定の財産を持てば、それが生み出す収益によって国家運営が可能になり、**無税国家**が実現できるという構想がある。しかしながら、国民が税負担なしに公共サービスが受けられるとなった場合に、国民がサービスの質と量に満足するかは疑問である。また国家運営をする側に対して、税を通じた民主的統制なしに、国民の利害に忠実になることをどこまで求められるかという問題もある。無税国家は、けっして理想ではない。それは家産国家が民主的でないことに通じる。税負担には苦痛を伴うが、それによって国民による主権が確保されるといえる。

　公共サービスのあるべき量と質は、税負担とのバランスでしか決まらないとしたときに、財政の本質は、**量出制入**（出ずるを量りて入るを制す）ということができる。すなわち、どのような公共サービスを提供するかを決定したうえで、その財源である税を調達することである。理念的には、国民がその税負担を拒否した場合に、公共サービスの量と質を再提示することになる。あくまで公共サービスの提供が起点となる。もしも量入制出であるとすると、国民が負担をしてくれる税の範囲で公共サービスを提供することになるが、国民は、そもそも税は負担したくないのだから、公共サービスの規模はゼロになり、財政活動は成り立たない。

　公共サービスの量と質が、税負担とのバランスのなかで決まるということと、税が、市場経済における価格のように反対給付があることとは同じ意味で

はない。公共サービスと税負担は、あくまで国民全体としての集合的な意思決定であって、国民の個々人における税負担の反対給付として公共サービスが提供されるわけではない。市場経済の価格は、個人や家計単位での満足に見合うものであるが、財政活動は、あくまで社会全体としての集合的な意思決定を基本としており、個人や家計の単位ではない。

だからこそ、特定の税目を目的税とすることで、その税収額を特定の公共サービスの提供と結び付けることは望ましくなく、ノン・アフェクタシオンの原則に反するとされてきた。目的税は、何らかの理由で、国民の選好に反してでも、特定の公共サービスを一定以上、供給したいと考えるときに例外的に妥当となる。

税は、個々の個人や家計の反対給付を伴わないが、公的年金や公的医療保険、介護保険等の社会保険に対する保険料は、保険料を負担することで、社会保障給付の受給資格を得るという意味で反対給付を伴う。社会保障給付は、社会保険のかたちにせずに、公的扶助として、その財源を全額、税とすることもできる。**生活保護**制度がその典型である。特定の社会保障給付の財源を社会保険のかたちをとることで、公的負担に対する理解が得られやすくなり、給付水準を充実させることができる。同時に、社会保障給付の受給権ができることで、**スティグマ**（汚名）なしに社会保障サービスを受けられるというメリットもある。

その一方で、社会保険は、保険加入が強制的であるという点で、民間保険とは性格が大きく異なる。強制加入であることから、社会保険はリスクに対して世代内または場合によっては世代間で相互扶助を行う仕組みである。民間の医療保険では、病歴があるなどの場合、保険加入を拒否したり、保険料を引き上げたりすることがあるが、公的医療保険では基本的にそのようなことはしない。わが国の社会保険のように、低所得者の保険料を下げる目的で税等を投入する場合、相互扶助の要素は一層強められる。保険自体は、市場でも提供できるものであるが、民間保険と社会保険の性格は大きく異なる。

このように、社会保険料は、税負担と市場経済における価格（民間保険の保険料を含む）との中間に位置するものだといえる。社会保険制度は、19世紀においてドイツの宰相ビスマルクが、国民の権利を確保し、国家による社会統合

を果たす目的で導入したものとされる。社会保障給付が政府支出の主役となっている現代においては、税負担と同様に重要な財源調達手段である。

　税は国家権力と結び付いている。したがって、経済活動が国境を越えるようになると、税制の運営がそれだけ難しくなる。税収が確保できやすくするように、各国が税制を調和させることや、複数の国家が協力して国際的な税逃れを防止する取組みも必要になる。また、各国が税を奪い合って、国際的な経済取引を萎縮させることは望ましくない。近年では、一部の国または地域が、過度に法人や個人に対する税負担を軽課することで、**タックス・ヘイブン**（租税回避地）となり、特権的な立場を持つ者がそれを利用して不公正に税逃れをすることで、格差社会を増長していることが問題となっている。経済のグローバル化は、国際的な格差問題を引き起こすなど、それ自体が警戒することであるが、税のあり方にも大きな制約となっている。

2　経済活動と税

　税は、主として生産、消費、所得の稼得などのフローの経済活動と、資産の所有や売却などのストックに対して課される。**図3-1**は、フローの経済活動を、消費主体である家計と生産主体である企業からなる二部門の略図で示しており、そのなかで課税の衝撃点となりうるものをあげている。家計と企業の間には、資本市場、資本財市場、消費財市場、要素市場の4つの市場がある。矢印は、基本的に貨幣の流れ（財・サービスの流れはその逆）を示しており、右回りの循環図のかたちになっている。また、フローの経済活動を国単位で集計したものが国民所得統計であり、図3-1は、GDP（国内総生産）の統計である国民経済計算における課税のポイントを示したものでもある。図3-1の課税の衝撃点の説明の前に、GDPの概念を、**図3-2**で示した簡単な会計モデルで理解しよう。

　図3-2で、売上から経費を除いたものが粗利であり、**付加価値**である。それを国全体で合計したものが、政府部門や海外部門等を除いた単純モデルでは**国内総生産**（GDP）に相当する。粗利から**減価償却費**（資本減耗とも呼ばれる）を引いたものが国内純生産である、国内純生産は誰かの所得として分配されるので**国民所得**とも呼ばれる。企業は生産要素である、労働、資本、土地の提供

図 3-1　経済循環図における課税点

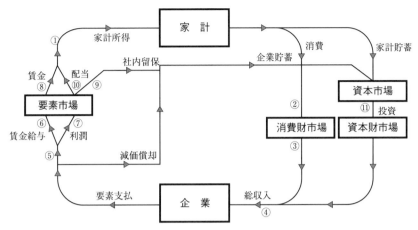

出所）木下和夫監修・大阪大学財政研究会訳『マスグレイブ財政学Ⅱ』有斐閣、1983年、282頁

者に対して、その報酬を要素支払いとして支払う。それぞれが給与・賃金、利子、地代である。また、国民所得のうち分配されずに企業内に残ったものが利益（法人所得であり法人貯蓄ともいう）となる。利益は、配当・役員賞与、内部留保、法人税の3つに処分される。

　図3-1に戻り、家計は要素市場に労働や資本（そのほかに土地）を提供し、その報酬を家計所得として得ている。したがって、①は家計所得に対する税、**所得税**である。家計は、稼いだ所得を消費または家計貯蓄のかたちで処分す

図 3-2　簡単な会計モデルと GDP 統計

```
  売　上
-）経　費
─────────  付加価値＝国内総生産（GDP）
  粗　利
  減価償却費   国内総生産－減価償却費
              ＝国内純生産（国民所得）
  給与・賃金
  利　子       企業が支払う要素所得
-）地　代
─────────
  利　益       企業が獲得する要素所得
        ┌ 配当・役員賞与
益金処分 ┤ 内部留保
        └ 法人税
```

第3章　税制　033

る。消費は消費財市場を経由するが、その前後に、②と③の2つの課税ポイントがある。②は消費額全体に対する直接税である**支出税**、③は消費額に対する間接税である消費税（ヨーロッパ諸国ではVAT、**付加価値税** value added tax と呼ぶ）やアメリカの州税である小売売上税などの一般間接税のほか、多様な個別間接税を意味する。それに対して、④は消費財に対する付加価値と資本財に対する付加価値である総収入に対する課税であるので、GDP型付加価値税に該当する（④は単に付加価値税と呼ぶことが多いが、投資財の購入を課税対象から全額控除することから、厳密には消費財に対する付加価値税である）。それに対して、⑤は、総収入から減価償却費を除いたものが課税対象となるので、国民所得型付加価値税に該当する。⑥と⑦は益金処分の2つのそれぞれに対する課税であり、⑥は支払給与に対する課税であるので社会保険税の雇用主負担、⑦は法人利潤税、すなわち法人税である。⑧は受取給与に対する課税であるので社会保険税の被雇用者の本人負担、⑩は支払配当に対する所得税または法人税、⑨は内部留保に対する法人税、⑪は企業が行う設備投資に対する課税に該当する。

一方、図3-1は経済循環のフローを示しているので、ストックに対する課税は表されていない。家計または企業が保有する土地や建物、あるいは企業が保有する償却資産は固定資産税の対象となる。また、家計は保有している資産に対して、その移転に際して贈与税や相続税がかかる。また、土地や株式等の資産が資産価格の上昇で**キャピタルゲイン**（資本利得）が発生した場合にも、それに対する所得税が課される。また、関税や印紙税などの流通に対する課税も図示されていない。

図3-1で、3つの市場の上部の家計側に位置する①②⑧⑩は個人課税、下部の企業側に位置する残りの税は企業課税である。また、企業課税のうち、企業に流れ込む貨幣に対する税である③④は間接企業課税、企業が支払うないしは処分する貨幣に対する税である⑤⑥⑦⑨は直接企業課税である。また、家計側の税はすべて**直接税**である。そこでいう直接税とは、納税義務者が最終負担者であって転嫁を前提としていない税であるのに対し、間接税とは納税義務者が企業である場合、税負担を家計または他の企業に転嫁して、自らは最終負担者とならないことが前提とされている税である。**間接**の典型は消費税であり、消費税分は売値に反映させて、消費者が最終的な負担者となることが前提

とされている。一方、所得税は直接税の典型であって、納税者が負担すると考えられている。しかし、仮に、所得税の増税の実施時に労働組合が手取り所得の維持を求めて企業に賃上げを求め、それが認められた場合、所得税といえども転嫁されている。このように、実質的に転嫁が行われているかどうかは容易に判断できない。一般的には、経済取引のなかで立場の弱い側が多くを負担するとされる。消費税は消費者に転嫁されることが前提だが、消費税率が引き上げられた際に、そのまま転嫁すると売上高が落ちることを危惧して、売値を値下げして税率引き上げの一部しか引き上げないようにすると、売り手側が実質的に負担している。

転嫁には、そのような実質的な意味のほかに、形式的な意味での転嫁がある。図3-2で示した会計モデルで、経費の内数に含まれる税は、会計上は租税公課として損金算入され、企業はそれを売上価格に上乗せして利益を確保しようとするので、間接税であると性格付けられる。そうした税には、消費税や事業税、固定資産税などがある。それに対して、益金処分の内数となる法人税は直接税である。もっとも、法人税が転嫁されるかどうかは、多くの研究対象になってきたように、明確なことはいえない。会計的な転嫁と実質的な転嫁は異なる場合が少なくない。税法上の直接税と間接税の区分は、会計的な区分に拠っている。また、国民所得統計も社会会計であるので、会計的な考え方に従って直接税と間接税を区分している。

直接税と間接税の区分に似たものに**人税**と**物税**がある。その区分は、担税力を見出す対象を人とするか物とするかの違いである。所得税の課税方式は、原則として、特定の納税者に対してすべての種類の所得を合算して、その所得を稼得するに必要な経費を控除し、そこから扶養者などを勘案した人的控除を控除した額を課税標準として、それに対して累進税率を適用するものである。それらを通じて、納税者の負担能力を測定して、それに応じて税額を決定していることから人税である。対して、社会保険税では、通勤手当などの諸手当を含む給与の支給総額に対して比例税率で課税することから、支払給与に担税力を見出す税である。消費税は、消費額に担税力を見出す物税である。一方、支出税のように個人または家計の年間の消費額を合計して、人的控除を行ったうえで累進税率を適用するのは、同じ消費課税であっても人税である。資産課税の

うち、固定資産税は保有する土地や家屋などに担税力を見出す課税であるので物税、相続税のように相続財産を合計してそこから相続する負債を控除して、人的控除を引いた後の課税標準に累進税率を適用するのは人税である。ヨーロッパの一部の国が採用している富裕税は、純財産に対する累進課税であるので人税である。

このように、所得、消費、資産の課税対象のそれぞれに対して人税と物税がある。人税は、特定の人に対して集計し、所得の場合には必要経費、資産の場合には負債を控除して、人的控除を適用しなければならないので、一般に、物税に比べて高い課税技術が必要となる。その一方で、累進税率の適用が可能になるなど、物税よりも大きな額の税収が期待できるメリットがある。一方、流通を課税対象とする税は、基本的に物税であって、人税に相当する税目はない。一般的には物税は古いタイプの課税であって、人税は、記帳の徹底などの会計的な基礎的条件が整うなど納税協力が期待できることを前提に、税務行政が近代化することによって実施が可能になった近代的な税である。その一方で、現代では、経済のグローバル化の進行などによって、経済活動が国家の枠組みを超えて展開されることによって、人税における公正を期するには、税務における国際的な協調が必要となっている。そうした状況では、物税に頼らざるを得ないところもある。

3　税の公平

税は政府が強制的に徴収するものであるので、国会による議決はもちろんのこと、国民から広く同意されていなければならない。その場合、最も重要なとは、税負担が公平であることである。ところが、何をもって公平と考えるかは、実に多様である。私たちは日常生活で、異なる局面では、以下に示すような異なる公平の基準を、意識せずに使い分けている。それほどに、公平とは多様な意味を持っている。

伝統的には、なぜ税を負担しなければならないのかの**課税の根拠**と、どれほどの額の税を負担すべきかの**税負担配分の根拠**に分けて考えられてきた。課税の根拠は、大別すると**利益説**と**義務説**からなる。すなわち課税の根拠は、何らかの意味での受益があったと認められるという、公共サービスの利益に着目し

て、公共サービスを提供するための財源調達に協力することを求めるものが利益説である。その際、公共サービスの利益が多様であることに注意を要する。たとえば、義務教育という公共サービスの利益は、義務教育を自らあるいは家族が受けているという直接の受益がなくても、国民全体に一定の教育水準があることが、経済と社会の運営を円滑にするという意味で、有形・無形の計りきれないほどの間接的な受益がある。したがって、公共サービスの受益に着目して、税負担の根拠とする利益説には一定の説得力がある。

その一方で、たとえば原子力発電に反対である者にとって、政府予算のなかに原子力発電に関する部分は賛成できないとして、法律が定めた納税額の一部を拒否することは認められない。それを認めてしまうと、税の強制的な徴収が、事実上、できなくなってしまうからである。課税は国家が行うことであるので、課税の根拠は、一定の国家像を暗に想定していることになる。国家は個人からなり、個人の意思を何らかのかたちで集計したものが国家の意思であるという**個人主義的国家観**に立てば、個人の受益に課税の根拠を求めることが合理的である。

それに対して、国家は単に個人の集計ではなく、一種の有機体であるという**国家有機体説**に基づいて、**共同体主義的国家観**を想定すると、課税の根拠は、国が国民に課している納税の義務に求めることになる。それは、利益説に対して義務説と呼ばれる。国家有機体説では、国家は国民という単位に還元できず、要素還元性がないとみなしているので、集合的意思決定の結果である法律に基づく限り、国家の意思は個人を優越することになる。

課税の根拠は、利益説や義務説以外にもある。特定の政策目的を達成するための政策税である。環境税は、環境損傷負担金であって、環境保護が課税の目的である。また、たばこ税は、税収目的ではない水準まで税率を引き上げていくと、たばこの消費に対する懲罰的な意味のある禁止税であって、健康保持のためにその消費を抑制する政策手段である。

一方、税負担配分の根拠は、**応益課税**と**応能課税**に大別される。応益課税とは受益に応じて負担すること、応能課税は負担能力に応じて負担することを意味する。応益課税では受益の量をどのように量るかが課題となる。市場の取引では、価格メカニズムが十分機能する限り、2つの財・サービスの限界効用の

比が価格比となる。市場で取引が成立している以上、その対価は、何らかの意味で受益に相関する。それに対して、公共サービスの満足度である効用を直接量ることは困難であり、住民参加や政治過程を通じて表明される以外にはない。

応能課税でも、同様に負担能力をどのように定義するかについて多くの課題がある。1つは、負担能力の尺度を何に求めるかである。課税対象は、所得、消費、資産、流通に区分されるが、流通を除く3つは、それぞれ負担能力の尺度となりうるが、そのどれを選択するかという課題がある。仮に、所得を尺度とする場合には、今度は、所得にどこまでの範囲を含めるかや、未実現の所得や利得をどう考えるか、変動所得の取り扱いの所得の定義と、世帯の違いなどの負担能力の測定など、さまざまな技術的な課題がある。応能課税については、**水平的公平**と**垂直的公平**という負担配分の準則がある。水平的公平は、「等しい者の等しい取り扱い」であり、その対偶が垂直的公平であるので、水平的公平と垂直的公平は、2つの概念ではなく、ひとくくりの考え方である。そこで「等しい者」としているように、応能課税は負担能力に着目した税負担配分のあり方であるので、その考え方にふさわしい税は、基本的に人税である。

応益課税や応能課税は、抽象的な考え方であるので、それにすべてきちんと当てはまる税目はないが、たとえば、固定資産税は資産を持つ者が、直接・間接に受けている受益に着目した応益課税であると説明できる。土地や家屋などの資産は、道路などのインフラが整ってこそ、その価値があることを考えれば、保有に対して公共サービスの受益を見出すことができる。一方、所得税や相続税は、所得や相続財産に負担能力を見出した応能課税である。しかしながら、すべての税が応能課税か応益課税に分類できるわけではない。法人税のように、法人の負担能力に着目した応能課税であると同時に法人の受益に着目した応益課税であると、両方の側面がある税もある。物税は、どちらかといえば応益課税といえるが、消費税は消費の負担能力に着目した外形課税であるなど、性格は多様である。

図3-3は、課税の根拠と税負担配分の根拠の関係を示したものである。利益説は応益課税、義務説は応能課税と関係が深いことは当然であるが、利益説

図3-3 課税の根拠と税負担配分の根拠

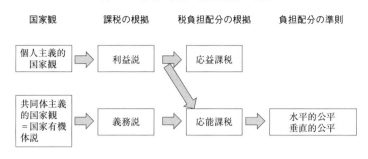

は応能課税とも結び付く。すなわち、課税の根拠は、公共サービスの受益にあるが、その負担配分は負担能力に応じるとなる。国民健康保険税などは被保険者が保険給付を受ける（あるいはその資格を得る）ことで、利益に応じて課されるものであるが、保険料は収入が低いと軽減されることから、その部分に着目すれば応能的である。税ではないが、保育料なども低所得者には軽減されることから、利益説で応能課税の意味に近いといえる。

税の公平における伝統的な議論として**犠牲説**がある。犠牲説は、もっぱら所得税を想定して、その課税による痛みが数値として測定できることを前提として展開される。所得の限界効用が逓減すると仮定した場合、累進的な税負担が一般に妥当であるという結論を導くことができる。**図3-4**では、低所得者と

図3-4 犠牲説の考え方

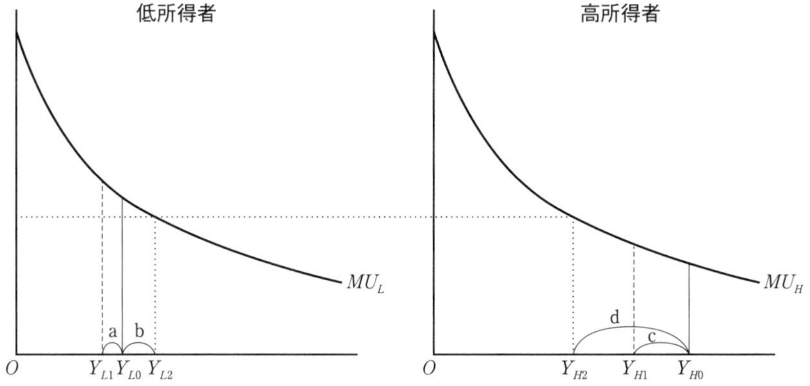

高所得者について、横軸に所得、縦軸に所得の限界効用を示しており、両者の限界効用曲線である MU_L と MU_H のかたちは同じであるとしている。課税前の所得はそれぞれ Y_{L0} と Y_{H0} で示されている。

　両者から一定の税を徴収する場合に、効用の減少で量られる課税の痛みを均等にしようとする場合を考える。その場合、均等絶対犠牲に基づく課税であるという。図3-4では、低所得者には Y_{L0} と Y_{L1} の差額、高所得者には Y_{H0} と Y_{H1} の差額分の額の負担を求めることになる。なぜなら、効用の減少分は限界効用曲線の下の面積で測ることができ、Y_{L0} と Y_{L1} および MU_L の下部で囲まれる面積と、Y_{H0} と Y_{H1} および MU_H の下部で囲まれる面積が同じになるからである。それに対して、図示はしないが、両者の効用の減少分の効用の総額に対する割合が、両者で均等になる税負担配分が望ましいという考え方もある。いわば、効用でみた税負担割合を均等にするというものである。これを均等比例犠牲と呼ぶ。

　その一方で、両者に課税をする際、両者の効用の合計額である総効用の減少分が最小になることが最も望ましいという考え方がある。その場合、課税後の両者の限界効用が均等になるように税負担を配分することが望ましいとなる。それを均等限界犠牲に基づく課税という。図3-4では、高所得者は Y_{H0} と Y_{H2} の差額分の額の負担を求める一方で、低所得者には Y_{L2} と Y_{L0} の差額の所得移転を受けることになる。高所得者の税負担から低所得者への所得移転額を除いた額は、均等絶対犠牲の下での税収入に等しくなるように図示している（c+a = d-b）。

　均等限界犠牲の下での税負担配分は、均等絶対犠牲と比較すると、はるかに累進度の高い課税となる。均等絶対犠牲や均等比例犠牲は負担の公平の基準であるが、均等限界犠牲は、総効用の減少を最小限にするという意味で、効率性の基準であるともいえる。

　所得が高くなるほど、所得に対する税負担の割合である**実効税率**が高くなることを**累進課税**という。犠牲説の考え方は、累進的な税負担を正当化する根拠となりうる。その一方で、所得の限界効用を測定することができ、それが個々人で同一であるとか比較できるというのは、相当強い仮定であって、それを前提に現実の税制を設計することはできない。また、所得を獲得する行動自体が

課税によって変化すれば、前提が大きく変わる。このように、犠牲説に基づく課税は、あくまで参考となる考え方にとどまる。

課税の公平における、もう1つの重要な視点は、**世代間の公平**である。世代間の公平は、年金制度などで問題になることが多い。高齢化が進むなかで、高齢者世帯の現役世帯に対する割合が上昇するので、若い世代になるほど、拠出する額と給付額とのバランスが悪くなり、よほど高い経済成長をしない限り、若い世代ほど拠出額に対する年金給付の割合である、いわば収益率が低下することとなる。このような世代別の収益率の違いをもって世代間の不公平とみることがある。

その一方で、現役世代と退職者世代の所得分配のシェアが経年的に一定ならば、それをもって世代間の公平が達成されているとみる見方もある。わが国の公的年金制度では、現役世代の保険料の所得に対する割合である保険料率は上昇するものの、一定水準まで達するとその時点で据え置いて、そこで確保される収入の範囲で退職世代の保険給付の基準を定めるとしている。その考え方によると、現役世代と退職者世代の所得分配のシェアが一定水準に収束する見込みであり、その意味で、世代間の公平と整合的な仕組みである。

4　税の経済効果

税が課されると、税負担をできるだけ回避しようとして、消費や生産などの経済行動が変化することで経済効果が生じる。そのことによって、実質的に誰がどれだけの税を負担するかが変化する。税負担の変化を**転嫁**、最終的な負担を**帰着**と呼ぶ。同じ税負担額でも、税の課され方によって経済効果は異なり、ときには経済効率性を著しく損失することもある。

税の経済効果について考える好例として、酒税の効果がある。ビールには多額の酒税が課される。ビールの値段の約半分は酒税であるといってよい。そこで、ビールに味と見た目がよく似ているものの、異なる製法や原料の発泡酒や第三のビールが開発されている。それらにも酒税はかかるが、税率が低いことから、発泡酒や第三のビールの売値はビールよりも安い。しかし、企業努力にもかかわらず、味はビールには及ばない（おそらく）。しかも、酒税を除いた売上原価は、ビールよりも高いことも考えられる。そうなると、ビールに対する

図3-5 間接税の帰着

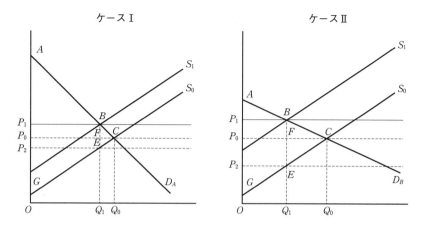

酒税のために、発泡酒や第三のビールを飲む消費者は、わざわざ味が落ちるだけでなく、生産コストのかかる財を消費することになる。そのことは、ビールへの課税がもたらした経済的損失である。そうした悪しき効果を避けるには、発泡酒や第三のビールへの税率をビールにあわせればよい。そうすると、発泡酒や第三のビールは、ビールよりも売値が高くなるうえに味が落ちるので、誰も買わなくなり、市場から淘汰される。それをすれば、苦労して多額の研究開発費用を投じて、ビールに似せた商品を開発してきた酒造メーカーの努力が水泡に帰するという反対論を招く。しかし、税としてあるべき姿だけを考えれば、類似の商品には、できるだけ同じ税率で課税すべきであり、それを、しなければ、望ましくない経済効果を防げない。

図3-5は、需要曲線と供給曲線を使って、税による効果を示したものである。ケースⅠでは、課税前の需要曲線 D_A と供給曲線 S_0 の交点が C であり、そのときの均衡価格は P_0、その下での消費量は Q_0 である。そこに縦方向で BE で示される税（消費額に対する税なので従量税と呼ばれる）が課されたとすると、供給曲線は S_0 から S_1 にシフトする。その結果、需要曲線と供給曲線が交わる点は B に移行する。その際、消費量は Q_1、税込み価格は P_1 であり、税引き価格は P_2 となる（P_1 と P_2 との差額は従量税の税率 BE に一致する）。課税後の消費量は Q_1 であるので、それに税率を乗じた P_1BEP_2 の面積が税額を示し

ている。

　ところで、課税前の均衡価格とその下での消費額に対して、需要曲線の下部の面積である ACQ_0O は消費者の満足度を示しており、Q_0 を購入する際に支払った購入代金は P_0CQ_0O であるから、その差額である ACP_0 は、消費者余剰と呼ばれている。一方、課税前の価格と消費額に対して、供給曲線の下部の面積である GCQ_0O は生産者の総コストを示しており、Q_0 に対する売上は P_0CQ_0O であるから、その差額である GCP_0 は、生産者余剰と呼ばれている。課税によって消費者余剰は ABP_1、生産者余剰は GEP_2 にそれぞれ減少する。
　その結果、
　　課税前の消費者余剰 ACP_0 ＋ 生産者余剰 $GCP_0 = ACG$、
　　課税後の消費者余剰 ABP_1 ＋ 生産者余剰 GEP_2 ＋ 税額 $P_1BEP_2 = ABEG$、
となって、ACG と $ABEG$ の差額である BCE は、課税によって失われる損失といえる。その損失を課税による**超過負担**（あるいは dead weight loss）と呼ぶ。課税は、市場による資源配分を歪める効果があるので、そのことによって生産者余剰と消費者余剰がそれぞれ一部失われることを意味する。

　図3-5のケースⅡでは、課税前の均衡価格とその下での消費量は同じであり、供給曲線 S_0 も同じであるが、需要曲線は D_B であって、ケースⅠの需要曲線 D_A に比べて、傾きの絶対値が小さく描かれている。ケースⅡではケースⅠに比べて、わずかな価格の変動によって需要が大きく減って、需要が弾力的に変化する（需要の価格弾力性が大きい）ことを意味する。

　ケースⅡで、ケースⅠと同じ税額が確保されるように課税しようとすると、ケースⅡでは課税による消費額の減少の割合が高くなるので、高い税率が必要となる。図3-5のケースⅡでは税額 P_1BEP_2 の形状は異なるが、面積は同じになるように描かれている。その際、課税後の供給曲線はケースⅠの S_1 よりもケースⅡの S_1 の方が高くなっている。その結果、課税による歪みである超過負担 BCE は、ケースⅡの方が大きくなっている。仮に、逆に需要が価格の変化に対してあまり変化せず、需要曲線の傾きが絶対値で大きければ、超過負担は小さくなる。このように、課税による超過負担の大きさは、需要の価格弾力性に反比例する。

　図3-5では、消費財への間接税を想定している。酒税などの間接税は、蔵

出し税と呼ばれるように、メーカーから消費者向けに出荷される量に応じて課税される。酒造メーカーは、酒税を売値に上乗せすることで、その負担を消費者に転嫁しようとする。しかしながら、図3-5の税額 P_1BEP_2 のうち、消費者が消費者価格の上昇によって負担する額は P_1BFP_0 のみであって、残りの P_2EFP_0 は、生産者価格の下落によって生産者が負担している。すなわち、消費者に税負担を転嫁することが予定されている税であっても、均衡市場価格とその下での消費量が変化することで、消費者と生産者の両方が税を負担することとなる。これを税の最終的な負担を意味する帰着と呼んでいる。

仮に、需要曲線が垂直に近く、需要の価格弾力性がゼロに近い場合であれば、消費者価格はほぼ税率と同じだけ上昇する反面で、生産者価格の下落はほとんどないので、税負担の大半は消費者に帰着することとなる。このように課税による帰着は、需要や供給の価格弾力性によって変化する。一般的には価格弾力性が小さいほど、税負担を回避する動きが小さいことを意味するので、税の帰着は大きくなる。

図3-5は1つの財・サービスだけに着目していたが、**図3-6**は縦軸と横軸のそれぞれで示される2つの財・サービスである y 財（縦軸）と x 財（横軸）における課税を想定している。課税前の価格線は AB で示され、その際の2つの財・サービスの消費量の組み合わせは E_0 で示されている。

1つの財・サービスにだけ課税することを**差別税**、すべての財に同じ税率を課する税を**一般税**と呼ぶ。y 財だけに差別税を課した場合の価格線は CB となる。所得をすべて x 財に消費する際の消費量である OB は変わらないが、すべて y 財に消費する際の消費量は AO から CO に変化している。AO に対する AC の割合が税率である。課税の均衡点は E_1 である。E_1 における税額を y 財で測ると、E_1 を通って AB と平行な斜線 GD と縦軸との交点である D との垂直距離である AD となる。

それに対して、y 財と x 財に同じ税率で課税する一般税の場合、価格線は AB に平行に下方にシフトする。E_3 は E_1 と同じ無差別曲線上にあって、AB と平行な価格線 FH に接している。同じ無差別曲線であるので、課税後の効用水準は同じであるが、y 財で測った税額は AF であって、差別税の場合に比べて DF だけ大きい。すなわち、課税後に同じ無差別曲線上にあるという意味

図3-6 税の超過負担

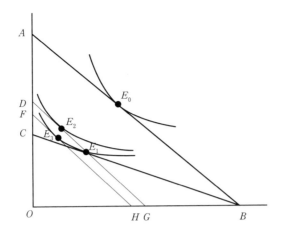

で、課税の痛みが同等であるにもかかわらず、差別税の税額は一般税の税額よりも小さくなる。この DF が税額で測った超過負担ということになる（ミクロ経済学では等価変分による超過負担ともいう）。

一方、E_2 は GD に接する無差別曲線との接点である。すなわち、差別税における税額 AD と同額の税収を確保できる一般税を負担したときの効用水準は、差別税を課税後の E_1 を含む無差別曲線が示す効用水準よりも、無差別曲線が右上に位置しているので高い水準にある。両者の効用の差は、効用水準で測った超過負担であるともいえる。ミクロ経済学では、E_1 から E_2 への変化を**代替効果**、E_2 から E_3 への効果を**所得効果**と呼んでいる。超過負担が発生する原因は、所得効果ではなく代替効果にある。

図3-6は、差別税よりも一般税の方が課税によるロスを小さくするためには有効であることを示している。とりわけ、代替関係が強い2つの財・サービスのどちらかに重課することは、大きな超過負担を発生させることを意味している。先に述べた、ビールと発泡酒や第3のビールは、まさに代替関係がきわめて高く、異なる税率で差別的に課税している現状は、税の超過負担という点では大きな問題がある。

差別的な課税は非効率であるという一般的な原則にあえて反して、政策上の理由から税制上の特例を設けるのが租税特別措置である。所得税や法人税、自

表 3-1　法人税の租税特別措置の適用（平成26年度分）

	適用件数		適用額（億円）
法人税率の特例	793,568	特例対象所得金額	29,841
税額控除	138,616	税額控除額	10,751
特別償却	66,993	特別償却限度額等	18,576
準備金等	10,909	損金算入額等	12,177

出所）財務省「租税特別措置の適用実態調査の結果に関する報告書」、平成28年

動車税など多くの税目で設けられている。なかでも特例額の大きな法人税における租税特別措置は、法人税の負担軽減、減価償却の特例等を通じた課税繰り延べ、課税の適正化のための措置に大別される。最初の2つは、いずれも法人税を実質的に軽課することで、設備投資や研究開発の促進、雇用拡大、中小企業の支援などを行うものである。そうした特別措置が適正に運用されるために、平成22年に設けられた「租税特別措置の適用状況の透明化等に関する法律」によって、租税特別措置の適用状況が毎年度、国会に提出されることとされた。**表3-1**は同法によって報告された内容の一部である。それに対して、課税の適正化とは、交際費課税のように企業会計上は費用とみなされるものであっても損金算入が制限されるものや、国際課税が公正に行えるようにするための移転価格税制などからなる。それらは税負担の軽減につながらないものも多い。

　差別的な取り扱いを通じて一定の政策効果の実現を図る税制を**政策税制**と呼ぶ。酒税やたばこ税などにおいて、他の消費財・サービスに比べて高い税率を課すのは、健康増進等を目的に、そうしたものの消費を抑制する効果を狙ったものだと説明することもできる。近年、政策税制で注目を集めているのは、CO_2排出量を抑制するなどの効果を狙った**環境税**である。国税では、地球温暖化対策のための課税の特例として石油石炭税の税率の上乗せが実施されている。地方税では、自動車税や軽自動車税におけるエコカー減税なども環境に配慮した税制である。環境税では、その使途を環境対策に制限する目的税とすることも少なくない。

　税負担の軽減を通じて特定の公益性の活動を促進するために、それらへの寄

附金を所得税や法人税の軽減対象とするのが寄附金税制である。近年、NPOに対する寄附が対象に加えられたほか、地方税ではふるさと納税が寄附税制として実施されている。

5　租税原則とタックス・ミックス

　租税のあり方は財政学の伝統において中心的な課題とされてきた。その考え方を取りまとめたものを**租税原則**と呼んでいる。**表3-2**は、代表的な租税原則として、18世紀のイギリスの古典派経済学におけるアダム・スミス、19世紀のドイツ財政学におけるワグナー、20世紀のアメリカの財政学者マスグレイブ（ドイツ生まれだが主にアメリカで活躍）によるものを比較したものである。

　アダム・スミスの租税原則は『国富論』のなかで示された4原則である。そのうち、公平の原則については、「各人それぞれの能力にできる限り比例して、すなわち国家の保護の下で享受する収入に比例して」納税することと記述している。そこでは、スミスは、個人が国家の保護によって享受する公共サービスにあたるものが個人の収入に比例すると考えていたので、便益に応じた負担を公平とみなす応益原則によっていた。残りの3つの原則である明確（＝課税が恣意的でないこと）と便宜（＝納税協力がしやすいこと）、徴税費最小の3つは、いずれも税務行政に係る原則である。すなわち、アダム・スミスにおける租税原則は、応益課税としての公平性と税務行政上のあり方の2点に注目したものである。

　それに対して、ワグナーの9原則と呼ばれるものは、まず「Ⅰ．財政政策上の原則」で、税である以上、税収が十分確保できるものであること（十分性）と、歳出の増加に応じて税収が増やせること（可動性）の2つをあげ、次に「Ⅱ．経済政策上の原則」では、税源と税種の選択の妥当性をあげる。資本主義経済では、資本蓄積を進めることが経済運営で重視されるので、資本そのものに課税するよりも、資本が生み出す果実である資本所得に課税する方が望ましいという考え方がある。税源の選択ではそうした視点が重要となる。また、税種の選択は、課税に際して税負担の転嫁に伴う経済効果を考慮する必要性を指摘したものである。ここまでは、アダム・スミスの租税原則にはないものである。特に、経済政策上の原則は、資本主義経済がより発展した19世紀におい

表3-2 租税原則の比較

アダム・スミス	ワグナー	マスグレイブ
	I. 財政政策上の原則 　1. 税収の十分性 　2. 税収の可動性	
	II. 国民経済上の原則 　3. 税源選択の妥当性 　4. 税種選択の妥当性	2. 効率的な市場の経済決定に関する干渉の最小化 3. 投資促進などの租税政策による租税体系の公平侵害の最小化 4. 経済構造と安定成長政策の調和
I. 公平	III. 公正の原則 　5. 課税の普遍性 　6. 課税の公平性	1. 税負担の配分の公平
II. 明確 III. 便宜 IV. 徴税費最小	IV. 税務行政上の原則 　7. 明確 　8. 便宜 　9. 徴税費最小	5. 公正で非恣意的な税務行政と理解の容易な租税体系 6. 徴税費および納税協力費の最小化

出所）神野直彦『財政学』（改訂版）、有斐閣、2007年、160頁の表の一部を簡素化

て、租税が経済に与える影響をワグナーがより強く意識した結果としてあげたものである。

「III. 公正の原則」は、アダム・スミスもあるが、その内容は同じではない。課税の普遍性は、税負担が特定の納税者に偏らないという意味で、新しい視点である。また、課税の公平性は、アダム・スミスが応益課税であるのに対して、ワグナーでは社会政策的な観点が重視され、応能課税の意味で公平が取り上げられている。それに対して、「IV. 税務行政上の原則」はアダム・スミスと同じ意味である。

一方、現代の租税原則ともいうべきマスグレイブでは、ワグナーの財政政策上の原則に該当するものはないが、それ以外は概ねワグナーの考え方に近い。マスグレイブは、ドイツ系のアメリカ人としてドイツ財政学の考え方を吸収しながらも、近代経済学（とりわけ厚生経済学）の発展の要素を財政学の大系のなかに採り入れて体系化したことから、租税原則の考え方もどちらかといえば機能的である。ワグナーがあげた税源選択のような形式的な議論は重視されていない。また、税負担配分の公平については、マスグレイブの財政学の体系で

は、基本的に応能課税の考え方によりながら、応益課税を否定しているわけではない。

　一定規模の税収をあげることを前提に、租税原則が示す要件を1つの税目で満たすことはおよそ不可能であって、複数の税目を組み合わせるタックス・ミックスが必要であるといえる。もっとも、複数の税目を組み合わせたからといって、租税原則を満たす税体系が必ずできるものでもなく、それゆえに税体系のあり方は、国によっても、経済の状況によっても異なっており、それは歴史的経緯に拘束された結果として決まるものでもある。

　税目の組み合わせに関する伝統的な議論に**直間比率**がある。一般的に、わが国の消費税にあたる付加価値税の税率が高いヨーロッパ諸国では間接税の割合が高く、直間比率はほぼ5：5、連邦税に大型間接税がないアメリカや消費税率の低いわが国では、直接税の割合が7割を超える。すなわち、直間比率とは、消費税などの大型間接税の税収ウエイトによって決まるといってよい。社会保障関係経費の大きなヨーロッパ諸国では、その財源として付加価値税が定着してきた。その場合、消費税の税収ウエイトは、租税負担率とも関係が深い。

　税負担は転嫁されるので、最終的に誰が負担するかは十分に解明できない。したがって、どのような税目をどのように組み合わせるのが望ましいかということについて明解に答えることは難しい。

　消費税と所得税は、課税ベースが異なるのでまったく違う税のように思える。しかし、所得のうち消費しない部分も、将来の消費の時点で課税されれば、結局、課税ベースとしては近いものといえる。もっとも、所得税は累進課税であって、**課税最低限**があるので、累進的な税負担配分であるが、消費税は消費に定率の税が課されるので、再分配効果は大きく異なる。また、所得のうち、生涯期間で使い尽くすことがなく遺産として残される部分もあるので、それを考えると所得税と消費税は課税ベースが異なる。

　所得税と消費税の違いは次のように説明される。一般に、所得税では、一定の課税最低限が設けられるとともに高所得階層に対して高い税率が適用されるので、収入に対する負担率（実効税率ともいう）は収入に対して上昇し、累進的な負担となる。それに対して、消費税の場合には、消費額に対して負担率は一

定になるものの、所得に対して消費額の割合（消費性向という）は一般的には減少するだけでなく、最低所得層では貯蓄を取り崩して消費することが多いことから所得以上に消費をすることがある。そのために、消費税負担額の所得に対する割合は、所得が上昇するほど低下する逆進的な負担となる。もっとも、生涯期間でみた場合、学生時代などの若年期と、退職後の高齢期では、収入に対して消費税の負担額の割合は高くなるものの、貯蓄を行う現役時代には逆に低くなり、生涯期間通算でみれば、消費税負担が逆進的であることは相当緩和される。そこで所得税に比べて、消費税の負担が所得に対して逆進的であることを必要以上に問題視すべきではないという見方もある。

　消費税率を引き上げた際に、消費支出を減退させることでマクロ経済にマイナスの影響を与えることが懸念される場合がある。その一方で、所得税率の引き上げの方がマクロ経済への影響が少ないということも一概には言えない。景気刺激のために所得税減税が提唱されることが多いことは、逆にいえば所得税増税は景気にマイナスの影響を与えるとみていることになる。一般に、所得税増税は勤労意欲に影響を与えるが、労働供給の賃金弾力性がどれほどあるかについては明確にはいえない。所得税の経済効果としては、利子や配当などの金融所得に対する課税の違いによって、資産選択に影響を与えることは確実に生じている。

　所得税と消費税の違いで大きいことは、消費税は景気動向に対して税収が比較的安定的であるが、所得税は資産の売却益等への譲渡所得への課税などを中心に、景気への感応性が大きいことである。一般にインフレ経済では、所得税は累進税率であるために、名目経済成長率以上に税収が伸張する。以上のように、所得税と消費税は、わが国税制では最重要な基幹税目であるが、それぞれ性格が異なり、それを踏まえた税収構造を実現することが望ましい。

　一方、税の組み合わせという意味では、所得税のなかで勤労所得に対する税と資産性所得に対する税について、差別的な取り扱いをするかどうかも重要な論点である。資産性所得は、資産そのものではなく資産が生み出した果実である利子や配当所得などの資本所得と、資産の譲渡益であるキャピタルゲイン（資本利得、未実現のものも含む）からなる。

　稼いだ所得に対して所得税が課され、可処分所得の一部を貯蓄した際に、そ

の利子に対して所得税が課されるのは二重課税であるという見方がある。同じ直接税であって累進的な負担を求めるものでも、支出税ならば二重課税は生じない。その一方で、包括所得税の考え方では、すべての源泉からの所得を同じように取り扱うことが公平であるとされ、その場合、利子所得などの資本所得への課税は不公平であるとはされない。

　一般に、経済の資本蓄積を求める観点からは、利子の二重課税は望ましくない。資本主義経済では、基本的に資本蓄積を重視するので、各国の税制でも、利子や配当に対する課税は消極的になりがちである。キャピタルゲインへの課税については、資本本体に対する課税であるので、なおさらである。また、資産性所得は、課税に対して租税回避行動が起きやすいだけでなく、海外所得を捕捉して課税することへの税務行政面での困難さもある。

　その一方で、労働に対する収益率である賃金率は、資産に対する収益率よりも経験的に小さく、資産を持つ者と持たざる者との格差は半永久的に拡大するという見方もされる。公平性の観点からすれば、資産性所得はむしろ重課することが望ましい。そこで、所得税率の累進性を高めることや、相続税の重課などが提唱されることになる。

　さらに、法人税は所得税との二重課税ではないかという議論がある。法人は株主によって保有されているので、法人所得に対する課税は、最終的に個人に帰着するとみることができる。その場合、法人税は所得税の前取りのような効果があり、配当所得に対する所得税は、法人税との二重課税とみることができる。法人は、実態を持っているようにみえても、最終的に個人である株主に帰着するというのが**法人擬制説**である。法人擬制説に立つと、法人税は所得税との二重課税が存在するとみなされる。その一方で、法人は個人に帰着することはなく、それ自体が負担能力を持つとみなすのが**法人実在説**であり、そこでは法人税と所得税の二重課税は考慮されない。現代の巨大法人では、法人間の株式の持ち合いも多く、その実態からすると、法人への税負担がすべて個人に帰着するとみなすのは無理がある。

　このように考えると、税の経済効果や税負担の帰着が明らかではない以上、タックス・ミックスの税体系をとるべきとしながらも、どのような組み合わせが望ましいかについては明らかではない。近年の応用ミクロ経済学の考え方を

採り入れた**最適課税論**では、課税の経済効果と所得再分配効果に注目して、最適な税制を理論的に解明しようとしている。もっとも、その理論を用いて、所得税と消費税の最適な組み合わせが明らかにされるわけではない。最適課税論では、余暇という財・サービスに課税ができないことを前提に、一律税率の課税ができないことを前提とする。その結果、最適課税論の結論は、究極の差別課税が望ましいとなる。すなわち、すべての財・サービスについて、それぞれに経済効果と再分配効果を考慮して差別的に課税するという結論になる。したがって、消費税のような一律税率の税は、特殊な条件がない限り、望ましいとはされない。所得税と消費税の組み合わせのあり方は、その再分配効果や徴収の容易さ等を考慮して、経験的に決めていかざるを得ない。

近年、北欧諸国では、所得を勤労所得と資本所得に区分し、前者には累進税率で、後者に比例税率（勤労所得への最低税率と同じ水準）で課税する**二元所得税**が導入されている。そこでは、資本は労働よりも地域間移動が大きいことを前提に、資本所得税を比例税率にして勤労所得に対して軽課することで、資本が税逃れのために海外移転することを防ぐねらいがある。二元所得税は、所得の種類にかかわらず、それらを合算して課税するという**包括的所得税**という伝統的な考え方に反している。むしろ包括的所得税に基づく所得税制では、資本の海外移転という現実的な課題に対応できなくなったことに対して実務的に発想されたものである。課税の経済効果を前提とした税制という意味で、最適課税論の考え方を反映したものともいえる。

6　納税者権利保護と税務行政

税制の運営で、適切な納税を促すには、政府の権力によって強制力を発揮することが避けられないが、それと同時に、納税者からの納税協力が不可欠である。そのためには、税務行政が、法令に基づいて公正に行われる必要があり、税務行政の執行に対して納税者の権利を保護する仕組みが必要になる。

わが国では、国税における税制度の運用は、国税通則法によっており、**納税者権利保護**の仕組みも同法の規定によるものが多い。課税における更生（税務署等が申告内容に修正を行うこと）、決定、賦課決定などに時効が設けられていることや、税務調査等について法律の枠組みで一定のルールを定めること、課税

庁の賦課決定や処分に対して不服がある場合に不服申し立ての審査を要求できることなどがその代表的なものである。近年の制度改正では、税務調査手続きの法定化などを通じて、納税者の権利保護を強化する方向にある。

その一方で、税務行政の強化も重要である。国税庁の職員定員は、近年の申告件数の増加等の税務行政の動きに対応して増員されているわけでは必ずしもない。納税者の権利保護をきめ細かく進めるためにも、税務担当職員の拡充が必要である。

所得税の総合課税を徹底するためには、複数の源泉からなる所得を個人単位で名寄せをする必要がある。そのために**納税者番号制度**の導入が不可欠とされてきたが、課税強化を嫌う国民世論に押されて実現しなかった。それに代わり、**社会保障・税一体改革**と並行して導入されたのが**社会保障・税番号（マイナンバー）**である。その趣旨は、複数の機関に存在する個人の情報を同一人の情報であるということの確認を行うための基盤であり、社会保障・税制度の効率性・透明性を高め、国民にとって利便性の高い公平・公正な社会を実現するための社会基盤（インフラ）であると説明されている。すなわち、正確な所得捕捉を通じて、税の負担だけでなく、社会保障の給付における公平性を確保することや、災害時における支援への利用、行政手続きの簡素化などの利便性が強調されている。

7　税制度の運営

表3-3は、わが国の税体系を示している。わが国の税体系は、明治以来の近代税制の歩みに対して、敗戦後の昭和24年の**シャウプ勧告**によって大きな改革が実施され、それ以降も、何度かの改革を積み重ねてきた。

シャウプ勧告による税制改革案は、国と地方に対する行政任務の配分を前提に、それにふさわしい収入額と性質を持った税源を配分するという思想によっている。国、都道府県、市町村がそれぞれ提供する行政サービスの便益の**スピルオーバー**（地理的拡散）の違いに着目して、税負担の地域的な拡散に応じて税源を配分するとすれば、国は所得、道府県は消費、市町村は資産への税を主たる税目とすべきとなる。所得は全国各地を源泉としうるが、消費は県内で完結することが多く、土地や家屋への公共サービスは消防など狭域であるからで

表3-3　わが国の税体系（平成28年度）

	国税	地方税		国税	地方税
所得課税	所得税 法人税 地方法人特別税 復興特別所得税 地方法人税	住民税 事業税	消費課税	消費税 酒税 たばこ税 たばこ特別税 揮発油税 地方揮発油税 石油ガス税 自動車重量税 航空機燃料税 石油石炭税 電源開発促進税 関税 とん税 特別とん税	地方消費税 地方たばこ税 ゴルフ場利用税 自動車取得税 軽油引取税 自動車税 軽自動車税 鉱区税 狩猟税 鉱産税 入湯税
資産課税等	相続税・贈与税 登録免許税 印紙税	不動産取得税 固定資産税 事業所税 都市計画税 水利地益税 共同施設税 宅地開発税 特別土地保有税 法定外普通税 法定外目的税 国民健康保険税			

出所）財務省ホームページ

ある。さらに、シャウプ勧告は地方分権を重視し、都道府県よりも市町村を重視する立場から、市町村の税源を強化するために個人所得税を配分することとした。もっとも、国税の所得税に対して、市町村税の所得税では、均等割を導入するなど応益的な負担を求めている。

　シャウプ勧告では、道府県税として附加価値税の導入を求めているが、当時はまだどの国も実施していなかった理念的な税制であり、結果的に実現しなかった。そこで、附加価値税に代わって、事業税が都道府県の主たる税目とされた。事業税は、大半の業種において課税ベースが法人所得であるという意味で、法人税と同じであるが、損金に算入できるという意味で、附加価値税と同じ間接税のような取扱いをしている。附加価値税の導入が見送られたことで、市町村税として固定資産税が設けられているほかは、国や地方の主たる税目は、個人所得や法人所得に対する税に集中する結果になった。そうした状況が変化するのは、平成元年度に消費税が税率3％で導入され、その後、段階的に消費税率が引き上げられたことによってである。

　表3-3は、平成28年度における税体系を示している。課税対象である所得・

図3-7 課税対象ごとの税収ウエイト（国税・地方税、平成28年度予算）

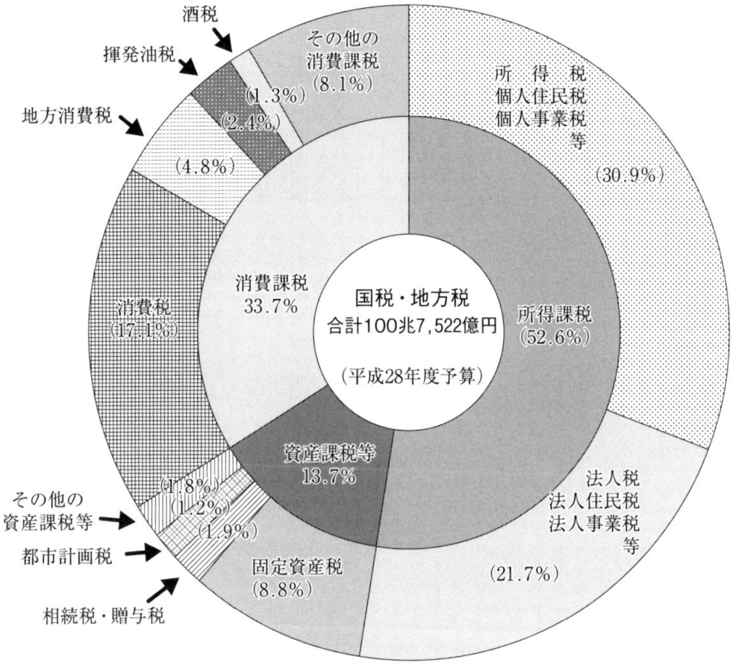

（ドーナツグラフ）

- 酒税（1.3%）
- 揮発油税（2.4%）
- その他の消費課税（8.1%）
- 地方消費税（4.8%）
- 消費税（17.1%）
- 消費課税 33.7%
- その他の資産課税等（1.8%）
- 都市計画税（1.2%）
- 相続税・贈与税（1.9%）
- 固定資産税（8.8%）
- 資産課税等 13.7%
- 所得税・個人住民税・個人事業税等（30.9%）
- 所得課税（52.6%）
- 法人税・法人住民税・法人事業税等（21.7%）

国税・地方税 合計100兆7,522億円（平成28年度予算）

出所）財務省ホームページ

消費・資産ごとに、国税と地方税にどのような税目が設けられているかを示している。資産課税等に分類されているもののなかで、国税では登録免許税や印紙税、地方税では不動産取得税、特別土地保有税が、また消費課税に分類されているもののなかで、国税では自動車重量税、とん税、特別とん税、地方税では自動車取得税などは、不動産や自動車などの財産の所有権の移転の際に課税されるものとして流通税に区分することもある。税目の数は多いが、税収の比較的小さなものも少なくない。**図3-7**は、平成28年度の予算ベースでの税収見込みを示したものであり、国税・地方税を合わせると合計は100兆7,522億円、うち所得課税が5割強（所得税・個人住民税・個人事業税の個人所得課税が3割程度、法人税・法人住民税・法人事業税が2割程度）、消費課税が3分の1程度（うち消費税と地方消費税で2割超）、資産課税等は1割強である。

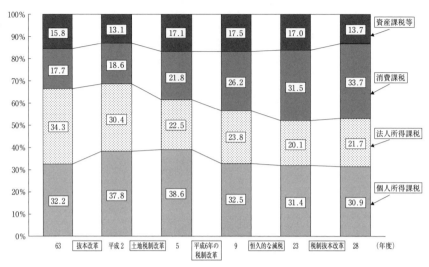

図 3-8 所得・消費・資産等の税収構成比の推移（国税＋地方税）

注）
1．平成23年度までは決算額、平成28年度については、国税は予算額、地方税は見込額による。
2．所得課税には資産性所得に対する課税を含む。
出所）財務省ホームページ

　図3-8は、昭和63年度以降の税収構成の推移をみたものである。その下部には、主な税制改正が実施された年度が示されている。消費税の導入が果たされたのは平成元年4月であり、**抜本的税制改革**は、シャウプ税制改革以来の大幅な改革として、昭和62年9月改正（所得税の税率構造の緩和とマル優等の原則廃止などによる利子課税の見直しなど）と63年12月改正（所得税の税率構造の簡素化：12段階から5段階へ、株式等の譲渡益の原則課税化、法人税の税率引き下げ、消費税の創設など）によって成立した。

　次に、平成3年の土地税制改革では、折からバブル期の地価の上昇に対して、税制面で抑制する観点から、土地の譲渡益課税の強化、地価税（保有する土地の価額の合計から基礎控除額を除いて定率で課税）の創設などを行っている。平成2年10月の政府税制調査会答申では、土地の公共性に照らして、土地の保有、譲渡および取得による便益に対して課税をすることは、他の資産や所得とのバランス、資産格差の是正、土地譲渡益の公共への還元が望ましいという考えを示した。地価税は、バブル崩壊後の平成10年から課税停止されている。

図3-9　所得・消費・資産課税等の税収構成比の国際比較（国税＋地方税）

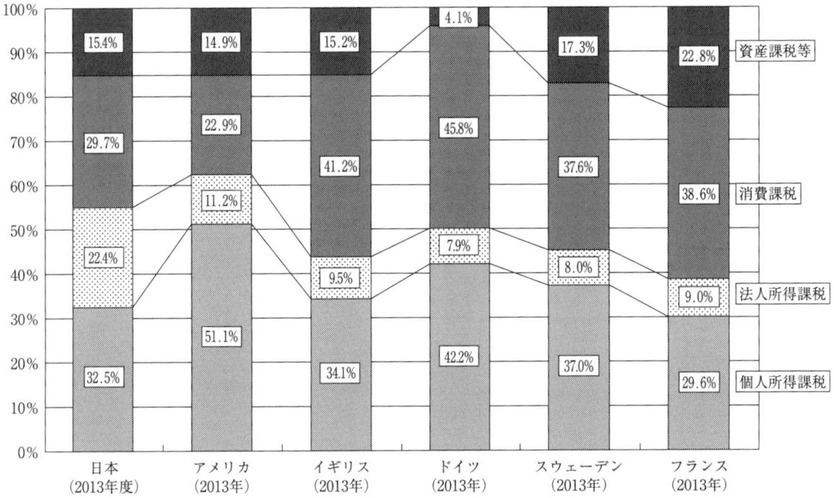

	日本 (2013年度)	アメリカ (2013年)	イギリス (2013年)	ドイツ (2013年)	スウェーデン (2013年)	フランス (2013年)
資産課税等	15.4%	14.9%	15.2%	4.1%	17.3%	22.8%
消費課税	29.7%	22.9%	41.2%	45.8%	37.6%	38.6%
法人所得課税	22.4%	11.2%	9.5%	7.9%	8.0%	9.0%
個人所得課税	32.5%	51.1%	34.1%	42.2%	37.0%	29.6%

備考：
1．日本は平成25年度（2013年度）実績、諸外国は、OECD "Revenue Statistics 1965-2014" 及び同 "National Accounts" による。なお、日本の平成28年度（2016年度）予算における税収構成比は、個人所得税：30.9％、法人所得課税：21.7％、消費課税：33.7％、資産課税等：13.7％となっている。
2．所得課税には資産性所得に対する課税を含む。
3．四捨五入の関係上、各項目の計数の和が合計値と一致しないことがある。
出所）財務省ホームページ

　平成6年11月に成立した税制改革では、所得税の累進構造の緩和と、消費税率の引き上げ（併せて地方分権の観点で地方消費税の創設）を実施している。また、平成11年の税制改正では、景気対策等のために個人所得課税の減税である恒久的減税として、最高税率の引き下げ、扶養控除の加算、中堅所得層の負担軽減を図る定率減税（19年に廃止）が行われた。そして、平成24年8月に成立した**税制抜本改革法**では、26年4月からの消費税率の8％への引き上げ（最終的には10％まで引き上げる）を決定しており、社会保障・税一体改革として社会保障制度の改革と併せて実施された。図3-8では、それらの税制改正が税収構成比に影響を与えたことを読み取ることができる。

　図3-9は税収構成比の国際比較を行ったものである。かつては、わが国は所得税中心の税体系であったが、消費税の導入と税率の段階的引き上げによって所得税の負担軽減が図られた結果、所得税収の構成比は所得税中心のアメリ

表3-4　OECD諸国における所得・消費・資産課税等の税収構成比の国際比較（国税+地方税）

個人所得課税		法人所得課税		消費税		資産課税等	
1 デンマーク	57.0	1 ノルウェー	28.3	1 スロベニア	67.6	1 フランス	22.8
2 アメリカ	51.1	2 チリ	28.3	2 ハンガリー	65.6	2 韓国	18.5
3 スイス	46.0	3 日本	22.4	3 エストニア	63.6	3 スウェーデン	17.3
4 アイスランド	45.0	4 韓国	19.0	4 トルコ	63.5	4 日本	15.4
5 カナダ	44.6	5 オーストラリア	18.0	15 ドイツ	45.8	5 イタリア	15.3
6 ドイツ	42.2	15 アメリカ	11.2	20 イギリス	41.2	6 イギリス	15.2
13 スウェーデン	37.0	20 イギリス	9.5	22 フランス	38.6	8 カナダ	14.9
16 イギリス	34.1	21 フランス	9.0	24 スウェーデン	37.6	9 アメリカ	14.9
18 日本	32.5	26 スウェーデン	8.0	30 日本	29.7	10 オーストラリア	14.5
22 フランス	29.6	28 ドイツ	7.9	34 アメリカ	22.9	29 ドイツ	4.1
OECD諸国平均	32.5	OECD諸国平均	12.4	OECD諸国平均	45.4	OECD諸国平均	9.8

備考）
1．計数は2013年のものである。
2．OECD "Revenue Statistics" の区分に従って作成しているため、利子、配当及びキャピタル・ゲイン課税は所得課税に含まれる。
3．資産課税等には、資産課税の他、給与労働力課税及びその他の課税が含まれる。
4．資産課税とは、富裕税、不動産税（固定資産税等）、相続・贈与税及び流通課税（有価証券取引税、取引所税、不動産取得税及び印紙収入）等を指し、日本の割合は14.9％である。
出所）OECD　Revenue Statistics 1965-2014
出典）財務省ホームページ掲載の表の一部を簡素化した。

カに遠く及ばず、消費税中心のフランスと同水準にとどまっている。それに対して法人税の構成比が高く、消費課税のウエイトは、付加価値税が導入されていないアメリカを除くと最も低い。わが国の消費税率が、ヨーロッパ諸国の付加価値税率（ドイツ19％、イギリス・フランス20％、スウェーデン25％）に比べて相当低い水準にあることによる。アメリカは社会保障制度に熱心ではないが、ヨーロッパ諸国は社会保障の充実に取り組んできた。わが国の税制は、かつてはアメリカのような所得税中心の体系であったが、消費税の導入によって消費税が税制の主役になりつつあり、社会保障の充実に取り組んでいるが、消費税率がなお低く、社会保障給付を賄うのに十分な税収が確保できない状況である。先進国であるOECD諸国のなかでの比較をしている**表3-4**では、わが国の個人所得税の構成比は平均値にほぼ近く、33カ国中の18位、法人所得課税は3位、資産課税等は4位と順位が高いが、消費課税は平均45.4％に及ばない29.7％にとどまり順位は30位である。社会保障の充実した国に似た税体系を実現する上では、消費税収の充実と、個人所得課税の強化が課題である。

図3-10 一般会計税収の推移

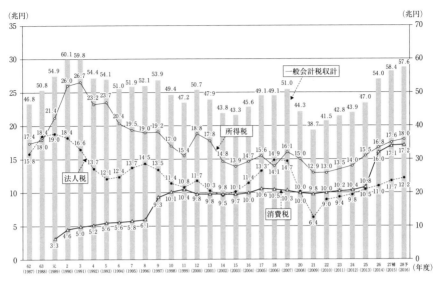

出所）財務省ホームページ

　図3-10は、国の一般会計税収の推移をみたものである。国税収入に対して、一般会計税収は、地方譲与税や地方交付税の財源などとして国の特別会計に直入される部分を除いたものである。そこで注目されるのは、税収の総額としての動きである。平成2年度に60兆円を超えた税収は、バブル崩壊と所得税の減税などによって趨勢として下落を続け、平成15年度に43.3兆円まで落ち込み、その後回復するものの、20年のリーマン・ショックの影響で再び落ち込み、21年度には38.7兆円とピーク時の3分の2以下になっている。その後、景気回復と消費税増税で持ち直したものの、バブル期を越えるほどにはなっていない。その間に、財政需要は傾向として増え続け、近年では社会保障給付が急速に伸びてきている。図3-10で示されているバブル崩壊後の20年以上にわたる長期的な税収の低迷は、その間に国債残高が増加したことを物語っている。

　一方、**図3-11**は、国民所得に対する租税負担と社会保障負担の割合を合計した、**国民負担率**の長期的な推移を示している。租税負担率は、昭和51年度では20％未満であったが、その後、バブルのピークの平成2年度の27.7％まで上昇続け、その後は低迷を続け、一時的には回復するもののリーマン・ショック

図 3-11 国民負担率(対国民所得比)の推移

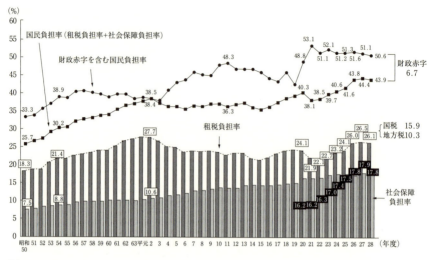

注）
1．平成26年度までは実績、27年度は実績見込み、28年度は見通しである。
2．財政赤字の計数は、国及び地方の財政収支の赤字であり、一時的な特殊要因を除いた数値である。
 具体的には、平成10年度は国鉄長期債務及び国有林野累積債務、18年度、20年度、21年度、22年度及び23年度は財政投融資特別会計財政融資資金勘定（18年度においては財政融資資金特別会計）から国債整理基金特別会計または一般会計への繰入れ、平成20年度は日本高速道路保有・債務返済機構債務の一般会計承継、23年度は独立行政法人鉄道建設・運輸施設整備支援機構から一般会計への繰入れ等を除いている。
3．昭和55年度以降は93SNAに基づく計数であり、昭和54年度以前は68SNAに基づく計数である。ただし、租税負担の計数は租税収入ベースであり、SNAベースとは異なる。
出所) 財務省ホームページ

で再び落ち込み、その後、近年になるほど上昇しているが、28年度で26.1%にとどまっている。その一方で、社会保障負担率は、昭和50年度の7.5%から傾向として上昇を続け、直近では17.8%となって、40年間で10ポイント上昇している。両者を合計した国民負担率は、昭和50年度の25.7%から、平成2年度に38.4%と上昇を続け、その後の20年間はほぼ横ばいの状態で推移し、リーマン・ショック後に上昇して28年度には43.9%となっている。それに対して、財政赤字分を国民負担率に含めて推移を示しているのが、図3-11の最上位の折れ線である。国民負担率との格差が、財政赤字の国民所得に対する割合であり、時系列で特に広がった年度をあげると昭和54年度の8％以上（38.9%と30.2%の差）、平成11年度の12%程度（48.3%と36.3%の差）、21年度の15%程度

図3-12 国民負担率の国際比較

[国民負担率＝租税負担率＋社会保障負担率][潜在的な国民負担率＝国民負担率＋財政赤字対国民所得比]

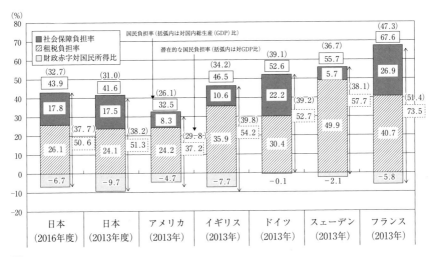

注）
1．日本は2016年度（平成28年度）見通し。諸外国は2013年実績。
2．財政赤字の国民所得比は、日本及びアメリカについては一般政府から社会保障基金を除いたベース、その他の国は一般政府ベースである。
【諸外国出典】"National Accounts"（OECD）、"Revenue Statistics"（OECD）等
出所）財務省ホームページ

（53.1％と38.1％の差）などがある。そうした年度では、財政赤字が最も深刻になり、反対に、平成２年度には財政赤字はほぼ消えている。直近では、財政赤字の国民所得に対する割合は6.7％（50.6％と43.9％の差）であり、財政赤字はなお小さくない。

　図３-12は、国民負担率の国際比較を行ったものである。財政赤字を含む潜在的な国民負担率でみると、わが国は既にイギリス、ドイツ、スウェーデンのヨーロッパ諸国にわずかに及ばないが、ほぼ匹敵する規模であるといえる。財政赤字の国民所得に対する規模は、わが国は2013年度ではいずれの国よりも大きく、2016年度との比較ではイギリスよりは小さいが、なお高い水準にある。図３-12で特徴的なことは、租税負担率は低いものの、社会保障負担では、医療サービスや介護サービスを社会保険方式に頼らないイギリスやスウェーデンよりも高いことである。すなわち、税負担を低く抑える反面で、社会保険料な

どの社会保障負担が相対的に大きいことが、わが国の国民負担の特徴である。OECD諸国のなかで比較しても、租税負担率は、33カ国中で28位と下位にあるが、社会保障負担だけをみれば14位と比較的上位にある。わが国は長く財政赤字に苦しんでいるものの、租税負担率の引き上げについては国民の理解が得られない状態が続いていた。その一方で、社会保険料などの社会保障負担については保険料率を毎年度のように上方に改訂できたことで、社会保険料負担が段階的に引き上げられてきた。社会保険料の負担増は、税負担増に比べて国民の理解が得られやすい反面で、高所得者層では負担額が頭打ちになることで、全体的に逆進的な負担となるなどの問題がある。

　所得階層別租税負担率についてさまざまな推計が行われているが、一般に低所得者層から中所得者で比較すると所得が低いほど負担率が高く、中所得者から高所得者で比較すると所得が上がるほど負担率が少しずつ上昇するU字型という結果となる場合が多い。その理由は、低所得者層では、所得に対する消費の割合が高くなることで、特に消費税負担の所得に対する割合が低所得者層ほど高くなることが効いている。社会保障負担率についても、低所得者層では比較的高くなる傾向がある。

　その反面で、低所得者層には、若年者や退職者などの世帯が含まれ、そうした世帯の場合にはライフタイムでみた場合に、消費税などの所得に対する負担率が高くなることはやむをえず、必ずしも逆進的であって不公正であるとはいえない。また低所得者層で、所得に対する税負担や社会保障の負担が大きいのと同時に、社会保障給付も大きいので、負担と給付の差額である純負担でみると、一般的には、低所得者では給付の方が大きくなる。したがって、税負担や社会保障負担が所得に対して逆進的であることが不公平であるとは必ずしもいえない。

8　主な税制

①所得税

　所得税は、わが国の税体系の柱となる基幹税である。本来的には、担税力に応じて負担を求めるという意味で、最も公平感に適う税であり、経済成長が続いていた時代には税収の伸張性があった。その一方で、給与所得者に対して自

営業や農家では所得捕捉が一般に劣るとされていることや、利子所得への軽減措置などに対して不公平税制と批判されたこともあった。近年では、景気対策などの観点で負担軽減が図られたことと、デフレで名目経済成長が鈍化し、非正規雇用が増えたことで給与所得が伸張しないなどの理由で、税収が伸び悩んでいる。

　所得税には、異なる源泉からなる所得を個人単位で合算して累進税率で課税する包括的所得税と、源泉別に課税する分類所得税の方式がある。包括所得税は、税を負担する能力に応じた課税という意味で公平に適うと伝統的に考えられてきた。その一方で、勤労所得よりも不労所得を重課すべきなどといった所得源泉に応じて異なる取り扱いが公平であると考える場合や、所得税に対する租税回避行動が所得源泉ごとに異なるので課税方法を変えた方がよいと考える場合には、分類所得税が望ましいとなる。

　わが国の所得税で、総合課税として、基本的に包括的所得税の考え方を採り入れながらも、利子所得については分離課税のかたちをとっている。所得税では、収入金額から必要経費を控除し、所得金額を算出する必要がある。わが国の所得税では、給与・賃金、事業収入、不動産収入、資産の譲渡収入、一時所得、退職所得など、所得の種類に応じて、異なる必要経費の算定方法を適用している。たとえば、給与収入については概算控除（実額によるのではなく一定の計算式に基づく額を控除する方式）である給与所得控除が原則適用されるが、事業収入では必要経費は実額に基づいて申告する。

　10の所得の種類のなかで、利子所得だけは必要経費を認めずに源泉分離で一律に課税するが、それ以外は、収入から必要経費を除いた額を合算して総所得金額とする（その際に、所得の種類ごとに損益通算を行えるが、配当所得や上場株式・土地の譲渡益については、ほかの所得との間の損益通算に制限がある）。総所得金額に対して人的控除（本人分である基礎、配偶者、扶養の各控除などのほか障害者、寡婦・寡夫、勤労学生への控除）、配偶者特別控除、雑損・医療費・寄附金控除、生命保険料控除等を差し引いて課税所得を算出し、それに累進税率を適用して税額を算出し、そこから税額控除（住宅ローン、配当、外国税額、寄附金の一部）を行って納税額とする。ただし、退職や山林、配当、譲渡の各所得については申告分離を認めている。

図3-13 給与所得者の所得税額計算の手順

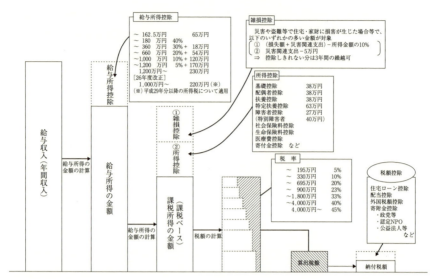

出所）財務省ホームページ

　図3-13は、給与収入しかない者の所得税額の計算の手順を示したものである。給与収入から必要経費にあたる給与所得控除を差し引いて給与所得を算出しているが、給与所得控除は、給与収入が低い方が高い率で経費相当額を認めている。また、かつては給与収入が多くなると、認められる割合は5％と小さくなるものの給与所得控除の額は増える計算が認められていたが、近年では、一定以上の給与収入になると控除額が頭打ちになり、平成28年分からは給与収入1,000万円以上になると220万円で固定される。また給与収入は、源泉徴収だけで原則申告不要であるが、平成28年現在で、給与収入が2,000万円以上となるなどの場合には確定申告が必要となる。給与所得に対して、雑損控除や人的控除などが控除された課税所得に対して税率が適用される。

　所得税の税率は累進税率であるが、**超過累進税率**と呼ばれるように、課税所得の額を区分して、段階的に高い税率を乗じてそれらを合算する方式をとっている。仮に、課税所得が800万円であるとすると、税率区分は、図3-13で示されているように、

　　0 〜195万円：5％

195〜330万円：10%
330〜695万円：20%
695〜900万円：23%

である場合、課税所得800万円の全体にして23%の税率を乗じるのではなく、課税所得を4つに区分して、それぞれに適用される税率を乗じることで、次のように算出される。

800万円 = 195万円 + 135万円（= 330 − 195）+ 365万円（= 695 − 330）
　　　　 + 105万円（= 800 − 695）

税額 = 9.75（= 195 × 5%）+ 13.5（= 135 × 10%）+ 73.0（= 365 × 20%）
　　　 + 24.15（= 105 × 23%）
　　 = 120.4万円

このような超過累進税率のかたちにしなければ、課税所得が高い税率区分に移行した場合に、課税後の手取り所得が減ってしまうことで、所得を稼得することに所得税が妨げとなりかねない。それを避ける目的から超過累進税率が適用されている（給与所得控除の計算も同じようにしている）。

厚生労働省『国民生活基礎調査』によると、扶養家族で子どもがいる世帯の平均年収は700万円程度である（平成22年調査）。夫のみが働き給与収入を得ている夫婦子ども2人の世帯で、給与収入が700万円の場合、給与所得控除は190万円、社会保険料控除（厚生年金や健康保険組合の保険料として払った額は収入から控除できる）が概算で105万円、子どものうち1人が一般扶養親族、もう1人が特定扶養親族である場合に、人的控除の額は177万円（= 基礎38 + 配偶者38 + 扶養38 + 特定扶養63）となる。それらを合計した472万円が課税最低限となる額を示しており、課税所得は228万円である。それに対する所得税は13.05万円（地方税である住民税を含めると38.9万円）となる。給与収入700万円に対する所得税の負担率（実効税率ともいう）は1.9%、住民税を含めても5.6%にとどまる。それに対して、社会保険料の負担率は15%と所得税よりもはるかに高率である。仮に、この世帯の可処分所得（給与収入 − 社会保険料 − 所得税・住民税負担額）の8割程度が消費支出であるとすると、8%の消費税率で計算したときの消費税額の給与収入に対する負担率は4.7%程度である。したがって、平均的な世帯年収の場合、負担額は、社会保険料＞消費税＞所得税であり、所得税と住民税の合

図 3-14 所得金額階級別にみた世帯数の相対度数分布

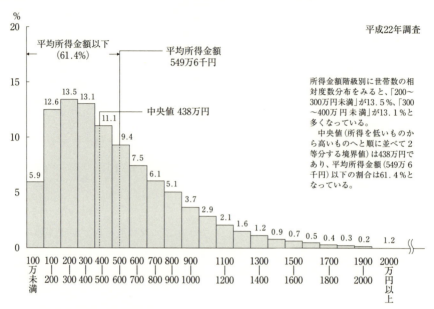

出所）平成 22 年国民生活基礎調査の概況

計では消費税を上回る程度である。

　所得税では、課税単位を世帯（あるいは夫婦）とみるか個人とみるかという問題がある。わが国では課税単位は個人であって、夫婦の所得を合算するような課税方式は認められておらず、配偶者の収入が一定未満である場合には配偶者控除を認めている。その結果、たとえば職業を持たない主婦が働こうとする場合に、配偶者控除が受けられる給与収入の上限を超えないようにすることで、女性の労働参加に制限がかかるとされる。女性の労働参加を促すためには配偶者控除のあり方が問題となる。配偶者控除は、一定以上の収入を持たない専業主婦などにのみ適用されるいわば特権であるので、それを廃止して、働いているかどうかにかかわらず夫婦に対して同額の控除を認める夫婦控除に移行すべきという見方もある。

　ところで、図3-14は、世帯年収の分布をみたものである。平均所得金額は549.6万円であるが、相対的に平均以下の収入の水準に、世帯分布が偏ってい

る（平均所得以下の世帯の割合は61.4％）となっているので、世帯所得の中央値は平均額よりも少ない438万円である。所得分布の最頻値は、200～300万円の所得層である。世帯所得が1,000万円を超える割合は、1割をわずかに上回る程度にとどまる。このような所得分布の下で、多額の所得税を負担する個人ないし世帯は限定的であって、所得税の課税最低限を下回る世帯も少なくないのが現状である。

②法人税

　法人税はいうまでもなく法人所得に対する課税であり、個人所得に対する課税である所得税等と併せて所得課税と呼ばれる。ただし、個人所得と異なるのは、法人の場合には利益が計上できず欠損となる赤字法人が多いことである。赤字法人の割合は、国税庁の会社標本調査の結果に基づけば、近年では高い年度で7割超、低い年度で3分の2程度である。図3－2で示したように、法人所得は法人が支払った要素所得を控除した後の法人が獲得する要素所得であるので、業績が悪い場合には赤字になることもある。その反面で、景気の上昇局面では、法人所得は大きく膨らむので、法人税収は景気に対する感応度が大きい。

　法人の利益は、公正妥当な会計処理の基準によって計算されるものであって、企業会計の利益の計算に従うことが原則とされている。したがって、法人税の申告における法人所得は、企業会計の会計基準に則って計算された利益に基づくことが原則である。もっとも、企業会計の会計基準と法人税法上の取り扱いが異なる部分も少なくない。

　図3-15は法人税の基本的な仕組みを示しているが、法人税法の所得金額は、企業会計上の売上高や販売高等の収益の額に相当する「当該事業年度の益金の額」から、企業会計上の売上原価や販売費、一般管理費等の費用および損失の額に相当する「当該事業年度の損金の額」を控除したものを基本とする。ただし、益金の額については、法人税法上は益金とみなさない益金不算入（受取配当、資産の評価益、法人間の受贈益（完全支配関係の法人からのもの）、還付法人税等）や益金算入がある。同様に、損金の額についても、損金不算入（交際費、一定額を超える寄附金、租税公課（法人税、地方法人税、住民税）、資産の評価損等）や損

図3-15 法人税のしくみ

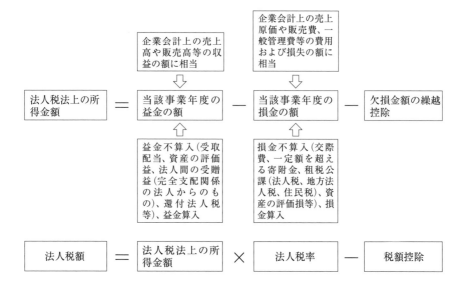

金算入がある。

　受取配当を益金に算入しない割合は、子会社等、支配関係が強くなるほど高くなる。完全子会社から受け取る配当は、その子会社が法人税を負担した後の残余分を原資としている。親会社が受け取った配当金を親会社の課税所得に含めると、そこに法人税が課されるので二重課税となる。それを回避するために益金算入をしないまたは一部にとどめる。益金不算入の割合は支配関係が弱くなるほど小さくなり、総発行株数の5％以下しか保有せず、非支配目的で保有している株式の場合には、益金不算入の割合は20％にとどまる。また、証券投資信託からの所得は全額が益金に算入される。一方、交際費は、企業会計上は経費であるものの、法人の資本蓄積の妨げになるなどの理由から、法人税法では損金に原則不算入とされる。

　法人税法上の所得の計算では、欠損金額の繰越控除が適用される。仮に、ある年度に大きな損失を計上し、次の年度に利益を計上した場合、年度間の通算ではなお赤字額の場合が大きいとする。利益を出した年度だけに、利益に対して法人税を課すことは不公正であることから、欠損額を繰越控除することで年度間の平準化を行うことがその趣旨である。

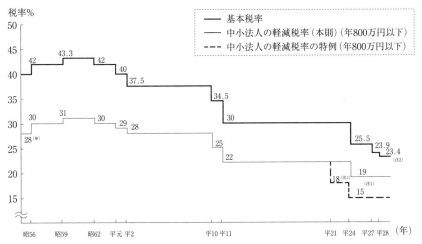

図3-16　法人税率の推移

注）
1．中小法人の軽減税率の特例（年800万円以下）について、平成21年4月1日から平成24年3月31日の間に終了する各事業年度は18％、平成24年4月1日前に開始し、かつ、同日以後に終了する事業年度については経過措置として18％、平成24年4月1日から平成29年3月31日の間に開始する各事業年度は15％。
2．基本税率について、平成30年4月1日以後開始する事業年度は23.2％。
（※）昭和56年4月1日前に終了する事業年度については年700万円以下の所得に適用。
出所）財務省ホームページ

　法人税率は、**図3-16**で示したように、かつては40％を越えていたが、平成に入った頃から段階的に引き下げられ、近年では20％台に引き下げられている。これは、国際的に企業活動を刺激する上で、法人税の引き下げが相次いで行われてきたことで、わが国の法人税率に割高感が生じたことに対応した結果である。

　法人実効税率は、法人所得に対する法人所得課税（国税である法人税のほか、地方税である法人住民税と事業税を含める）の割合を示す。**図3-17**は法人実効税率の国際比較を行ったものであるが、国際的にみて高いという印象を与えないようにするためには、30％を切る必要があるとして、平成26年度から30年度までの5年間で引き下げた結果である。法人税では、研究開発の促進などで、税負担を軽減する租税特別措置が設けられることが多いが、それが増えすぎると、事実上の税逃れを許す結果にもなる。

　法人税でもっとも問題となるのは、最終的に誰が負担するかの転嫁や帰着に

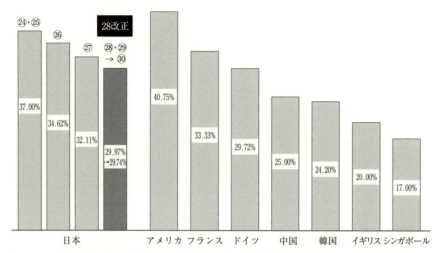

図3-17 法人実効税率の国際比較（2016年4月現在）

注）法人所得に対する税率（国税・地方税）。地方税は、日本は標準税率、アメリカはカリフォルニア州、ドイツは全国平均、韓国はソウル市。なお、法人所得に対する税負担の一部が損金算入される場合は、その調整後の税率を表示。
出典）OECD、各国政府資料等。
出所）財務省ホームページ

ついてである。図3-2で示したように、法人税は益金処分の一部であるので、会計的には、法人所得を引き下げることになる。その結果、法人の内部留保が減る、あるいは株主への配当が減少するかたちで、法人の所有者が負担することになる。しかしながら、法人税の負担を見込んで、あらかじめ売上を増やすために法人の商品価格に転嫁するならば、その法人から商品等を購入する消費者等に負担が帰着することとなる。法人税負担を実質的に回避するために従業員の給与を引き下げれば、法人税の帰着先は労働者となる。一般的に、独占企業等で売上価格に転嫁することが容易な場合には、法人税の帰着は消費者等に及ぶが、競争条件が厳しい場合には、売上価格に上乗せすることが難しく、法人税の帰着は株主や従業員等に及ぶことになる。

③酒税、たばこ税などの個別間接税

　酒税やたばこ税などの個別の商品等に対する課税は、輸出入等に対して国境等で課税する関税と同様に、最も歴史の古い税である。贅沢品に対する課税に

は、贅沢品を購入できる担税力に着目し物税と説明できる。酒やたばこは嗜好品として常習性があるので、課税しても税収が減らないという特徴があり、それらの消費の健康被害を避けるために課税で消費を抑制する禁止税の意味もある（農産物で国内産品を守るために、外国産品の輸入に高い関税をかけて輸入を阻むことも禁止税に含まれる）。

　個別間接税の場合、課税品目をどのように定義するかで技術的な問題が生じる。ビールに対する発泡酒等の例で示したように、課税逃れのために、消費構造が歪むなどの望ましくない経済行動を引き起こすこともある。また、酒税を正確に徴収するためには、酒造者を特定する必要があるが、酒税の負担を避ける密造などの行為を誘発することもある。かつては、砂糖は贅沢品であったので砂糖消費税は負担能力に着目した税であったが、現在はそうではない。消費活動が変わると、個別間接税の課税対象を入れ替える必要があるが、新しく開発された家電製品などを課税対象に順次加えていくことも手間がかかる。また、現在では物品ではなくサービスに対する消費が増えており、それを個別間接税の枠組みで課税することは容易ではない。したがって、個別間接税の対象は限定的となり、税収のウエイトも次第に低下する傾向にある。

　課税に関する技術的課題では、生産、卸売り、小売りのどの流通段階で課税するかという問題もある。本来は、小売段階で課税することが、担税力に対する課税という意味でふさわしいが、小売業者は数が多く、課税が煩瑣である。酒税では、正確に捕捉できるという意味で、メーカーが生産して出荷する段階で課税する蔵出し税のかたちをとっている。

④消費税

　個別間接税に対して、原則的にすべての物品・サービス等を課税対象にする間接税を一般間接税という。一般間接税は、対象が広いので、比較的低税率であっても多くの税収が見込まれる。その反面で、適切に課税するための技術的な課題も大きい。

　すべての企業の売上に対して、一定税率で課税する税に取引高税があるが、それは望ましくない経済効果をもたらす。企業は、他の企業から仕入れて何らかの加工等を行って出荷するが、仕入れ品に取引高税が課税されており、売上

にも取引高税が課税されると、仕入れ品の価格に含まれる取引高税にさらに取引高税が課される累積効果をもたらす。企業の取引段階が多いほど税が累積するので、特定の商品の実効税率が高くなったり、取引段階に連なる企業を垂直統合することで税負担を小さくすることを目的とした企業合併を促すなどの効果をもたらす。それを避けるために、多段階での取引に課税をする場合には、課税の累積効果を取り除く必要がある。

　そこで、ヨーロッパ諸国の付加価値税では、売上に係る税から仕入に係る税を控除した額を納税する**前段階税額控除方式**に基づいている。そのことによって、税額が累積する効果が除かれる。図3-2で示したように、売上から仕入を除いたものは付加価値にあたる（それを集計したものがGDP）であることから、付加価値税と呼ばれる。ただし、ヨーロッパの付加価値税では、投資財の購入に係る付加価値税は全額が控除されるので、国民総支出のうち、消費財に対しては課税されるが、投資財に対しては非課税となる（同様に、輸出財は国境で税を還付した上で輸出され、輸入財は輸入時に課税される**国境税調整**を行う）ので、消費課税に分類されている。

　わが国の消費税は、ヨーロッパの付加価値税と原理的には同じであるが、ヨーロッパでは仕入票（インボイス）に記載された税額を仕入税額控除額の根拠とする**インボイス方式**であるのに対して、わが国の消費税は、帳簿上で仕入に係る税額を控除する帳簿方式を採用した。その後、仕入れの事実を記載した帳簿の保存に加え、取引の相手方（第三者）が発行した請求書等の客観的な証拠書類の保存を税額控除の要件とする請求書等保存方式に切り換えられた。

　一定以下の売上しかない業者は非課税業者となるが、非課税業者から仕入れた際に、ヨーロッパでは税額控除ができないが、わが国ではできるので、非課税業者を結果的に優遇するという問題点があるとされてきた。ヨーロッパでは、課税対象によって異なる税率が適用される**複数税率**が一般的であるが、わが国では税率が8％段階までは単一税率であった。複数税率の場合にはインボイス方式でなければ公正な課税ができないことから、わが国も10％に引き上げと同時に複数税率を採用する段階で、インボイス方式に移行することが予定されている。

　納税義務者を、売上規模が一定以上の者に限るのは、納税協力の煩雑さを避

けるために必要であるが、その基準を高く設定しすぎると、消費者から消費税を徴収しながら納税をしないという益税という問題を生じさせる。わが国では、非課税の基準を上回る売上の一定幅について、簡易課税制度を設け、税額の計算を概算で済ますことができるように配慮している。

　消費税には、何を非課税とするかについても難しい課題がある。わが国の消費税では、税の性格から非課税としているものとして、土地の譲渡および貸付、有価証券、支払手段の譲渡、貸付金等の利子や保険料等、郵便切手類・印紙・物品切手等の譲渡、行政手数料等、外国為替取引などがある。それらは、消費になじまないものである。また、社会政策的配慮から非課税としているものとして、医療保険各法等の医療、介護保険法の規定に基づく居宅サービス・施設サービス等、社会福祉法に規定する社会福祉事業および社会福祉事業に類する事業等、助産、埋葬料、火葬料、身体障害者用物品の譲渡・貸付け等、一定の学校の授業料・入学金・施設設備費・学籍証明等手数料、教科用図書の譲渡、住宅の貸付けなどがある。図3-18で示したように、ヨーロッパに比べてわが国の非課税対象が特に大きいとはいえない。なお、非課税は課税対象外とすることだが、イギリスなどで実施されている**ゼロ税率**とすると、対象品目に係る前段階税額控除が認められるので、課税の影響をすべて除外することができる。

　消費税は、所得に対する税負担率が、所得が低い者ほど高くなる、いわゆる逆進性の問題がある。一般に低所得者ほど消費性向が高いので、逆進性は必然的に生じることになる。消費税の逆進性については、所得税等の他の税負担と総合して勘案すべきという見方がある。また、ライフステージにおいて、たとえば高齢者層で、かつては高収入であって、現在は貯蓄を取り崩して収入以上に消費を行っている場合に、負担が逆進的であることが直ちに問題であるとはいえない。わが国では、消費税収は社会保障給付の財源と位置付けられている。その場合、低所得者と高所得者を比較した場合に、消費税の負担率は、低所得者の方が高くなるが、社会保障給付の受給額と消費税の負担額の差額である純負担でみると、高所得者は社会保障給付が小さくなるので、低所得者の方が恩恵を受けており、給付とのバランスでは公平であるともいえる。

　図3-18で示したように、ヨーロッパの付加価値税率は、ドイツは19％、フ

図 3-18 主要国の付加価値税の概要（2016年1月現在）

区分		日本	EC指令	フランス	ドイツ	イギリス	スウェーデン
施行		1989年	1977年	1968年	1968年	1973年	1969年
納税義務者		資産の譲渡等を行う事業者及び輸入者	経済活動をいかなる場所であれ独立して行う者及び輸入者	有償により財貨の引渡し又はサービスの提供を独立して行う者及び輸入者	営業又は職業活動を独立して行う者及び輸入者	事業活動として財貨又はサービスの供給を行う者で登録を義務づけられている者及び輸入者	利益を得るために経済活動を独立して行う者及び輸入者
非課税		土地の譲渡・賃貸、住宅の賃貸、金融・保険、医療、教育、福祉等	土地の譲渡（建築用地を除く）・賃貸、中古建物の譲渡、建物の賃貸、金融・保険、医療、教育、郵便、福祉等	土地の譲渡（建築用地を除く）・賃貸、中古建物の譲渡、住宅の賃貸、金融・保険、医療、教育、郵便等	不動産取引・賃貸、金融・保険、医療、教育、郵便等	土地の譲渡・賃貸、金融・保険、郵便、医療、教育、居住用建物の建築、障害者用機器等	不動産取引、不動産の賃貸、金融・保険、医療、教育等
税率	標準税率	8%（地方消費税を含む）	15%以上	20%	19%	20%	25%
	ゼロ税率	なし	ゼロ税率及び5%未満の超軽減税率は、否定する考え方を採っている	なし	なし	食料品、水道水、新聞、雑誌、書籍、医薬品、国内旅客輸送、居住用建物の建築等	医薬品（医療機関による処方）
	輸出免税	輸出及び輸出類似取引	輸出及び輸出類似取引	輸出及び輸出類似取引	輸出及び輸出類似取引	輸出及び輸出類似取引	輸出及び輸出類似取引
	軽減税率	なし	食料品、水道水、新聞、雑誌、書籍、医薬品、旅客輸送、宿泊施設の利用、外食サービス等 5%以上（2段階まで設定可能）	旅客輸送、肥料、宿泊施設の利用、外食サービス等 10% 書籍、食料品等 5.5% 新聞、雑誌、医薬品等 2.1%	食料品、水道水、新聞、雑誌、書籍、旅客輸送、宿泊施設の利用等 7%	家庭用燃料及び電力等 5%	食料品、書籍、雑誌、外食サービス等 12% 新聞、書籍、雑誌、映画、スポーツ観戦、旅客輸送等 6%
	割増税率	なし	割増税率は否定する方を採っている	なし	なし	なし	なし
課税期間		1年（個人事業者：暦年、法人：事業年度）ただし、選択により3か月又は1か月とすることができる。	1か月、2か月、3か月又は加盟国の任意により定める1年以内の期間	1か月(注1)	1年	3か月(注2)	1か月、3か月又は1年(注3)

注）
1. 課税売上高が一定額以下等の場合には、上記以外の課税期間を選択することができる。
2. 課税売上高が一定額以下等の場合には、1年の課税期間を選択することができる。また、申請等によりより短い課税期間を選択することができる。
3. 課税期間は課税売上高に応じて決定される（課税売上高が大きいほど短い課税期間となる）。ただし、申請によりより短い課税期間を選択することができる。

出所）財務省ホームページ

ランスやイギリスは20％、スウェーデンは25％である（2017年1月現在）。消費税を社会保障財源とみる場合、わが国は既にヨーロッパのような社会保障給付を充実させる方向に進み出しており、消費税率の引き上げが課題となる。

なお、消費税は、正確には国税としての消費税と、地方税として地方消費税からなる。8％段階では国税6.3％と地方税1.7％、10％段階では国税7.8％と地方税2.2％に区分される。

⑤相続税

相続税の課税の根拠は、相続によって発生する富の集中を避けることと、生前の所得の稼得に対して所得税で調整しきれなかった再分配を相続時に行うことなどがある。資産性所得については勤労所得に対して軽課される傾向があり、相続税によって、所得税の機能を補完する効果が期待される。格差社会が社会を分断すると指摘されるなかで、相続税による富の再分配効果は今後も重要である。

相続財産に対する課税は、遺産税方式（遺贈者に対する課税）と相続税方式（受贈者に対する課税）がある。富の分配の公平という観点では相続税方式の方が望ましい反面で、相続者を増やすことで税負担を小さくする誘因が働くことで、富の世代間の継承を歪める効果を避けるには、遺産税方式が望ましい。そこで、わが国の相続税は、**図3-19**で示したように、相続遺産総額について、法定相続人に対して法定相続分で配分したとみなして相続税の総額を計算したうえで、実際の相続の割合に応じて税額を按分する方法とすることで、相続財産の細分化による節税効果が生じないようにされている。

相続税は人税であり、再分配効果を期待した税であるので、遺贈者の被相続財産を集計し、継承される負債を控除して、基礎控除を控除した後の課税遺産総額に対して累進税率が適用される。生前に贈与することで相続税負担を意図的に軽減することを防ぐために、生前贈与に対しては補完的に贈与税が課される。

相続人が事業の継承のために宅地等を相続する場合に、相続税によって事業の継承が困難になることを避けるために、相続税負担を軽減するために課税価格の特例軽減措置が適当される。それを事業継承税制と呼んでいる。

図3-19 相続税の仕組み

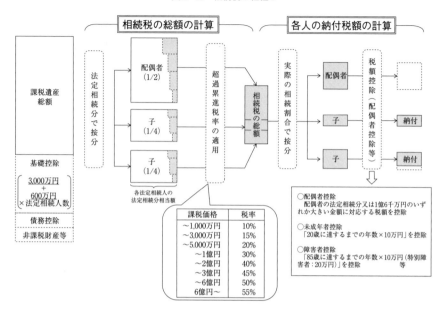

⑥ **主な地方税**

わが国では憲法で租税法律主義をうたい、国会は唯一の立法機関と定められていることから、地方税法は国の法律として定められている。したがって、地方税法の改正は国会の議決を要する。それぞれの地方自治体は、地方税法の改正に沿って税条例を改正したうえで、住民に対して課税を行っている。また、地方税法では、通常の場合、標準税率を定めているが、住民税等では条例の定めに応じてそれを超える超過課税が実施でき、一定の要件を備えれば、地方税法に定める以外の法定外税を条例で設けて課税することもできる。

(1) **個人住民税**

個人住民税は、都道府県が課す個人に対する都道府県民税（均等割と所得割）および市町村が課す市町村民税（均等割と所得割）のほかに、都道府県民税としての利子割、配当割、株式等譲渡所得割からなる。所得税の申告等で確定した所得金額に対して、賦課決定される税である。課税所得の定義等、その仕組みは、基本的に所得税と同じであるが、所得税と大きく異なる点は、均等割が設

けられていること、基礎控除等の課税最低限が所得税に比べて低いこと、累進税率である所得税に対して比例税（都道府県4％＋市町村6％）であることなどである。地方税は、一般的に国税に対して、応益性が強いと考えられている。個人住民税については、特にその性格が強いとされ、地方自治体の提供する住民サービスに対する負担という観点で、所得税ほどの累進的な負担とされていない。

　所得税は申告納税が原則であるが、個人住民税は、所得税の課税所得に対して賦課決定される。市町村が、市町村民税を都道府県民税分も含めて徴収している。

(2) **地方法人課税**

　地方法人課税は、法人住民税と事業税からなる。そのうち、法人住民税は、都道府県民税と市町村民税のそれぞれ均等割と法人税割がある。均等割は、地域に対する会費の意味を持っている。また、法人税割では、法人税額を課税標準として税額を算定している。事業税は、多くの業種の場合、課税所得は法人税にほぼ同じであるが、法人税が人税であるのに対して、事業税は物税であり、その額は損金に算入される。わが国の場合には、戦後、都道府県税の基幹税に附加価値税が構想されたものの導入が果たせず、代わって事業税を基幹税とした経緯もあって附加価値税と同様に物税として取り扱われている（すなわち損金算入される）。大法人に対する事業税では、付加価値割や資本金割が設けられており、赤字法人であっても税負担を行う外形標準課税が行われている。

　法人は複数の地方自治体に事業拠点を持つことがある。そこで、地方法人課税については、従業者数等によって分割する分割基準を設けている。

(3) **地方消費税**

　地方消費税は、徴収段階では、国税分と合わせて徴収し、国から払い込まれた地方消費税額について、最終消費地に税収を帰属させるため、消費に関連した統計数値を基に、一定の基準によって都道府県間で清算している。また、清算後の税収入の2分の1について、都道府県から市町村に対して、従業者と人口に応じて地方消費税交付金として交付している。

(4) **固定資産税**

　固定資産税は、土地、家屋および償却資産に対する物税であり、市町村の基

幹税の1つである。課税標準は、価格（適正な時価）に拠るとされており、土地および家屋は、3年ごとに評価替えが行われる（償却資産は申告制）。固定資産税とほぼ同じ課税方式で、市街化区域内の土地と家屋に対して課税するものに都市計画税があり、都市計画事業または土地区画整理事業に充当するための任意の目的税である。

(5) **地方の個別間接税**

地方税の個別間接税では、自動車等への車体課税（自動車税や軽自動車税など）、ゴルフ場利用税などが重要である。

9　国際課税

税はそれぞれの国が主権に基づいて課すものであることから、経済活動が国境を越えることが増えてくると、それに対して公正な課税を行うことが難しくなる。近年では、法人税や所得税が極端に低い国がタックス・ヘイブンとなり、そこに設けたペーパーカンパニーを通じて、税率の高い国からの所得を不当に移すことで、不適切な税逃れや資金洗浄が頻発しているとされている。それらへの監視は、国際的な租税協力の課題である。

わが国では、国際的な二重課税を調整するための**外国税額控除**のほか、国際的租税回避に対応するために**移転価格税制**や**外国子会社合算税制**（タックス・ヘイブン対策税制）、過少資本税制、過大支払利子税制などが整備されている。

そのうち、移転価格税制とは、企業が海外の関連企業との取引価格（移転価格）の設定を通じて、意図的に一方の利益を他方に移転させることを防ぐ税制上の仕組みである。移転価格税制が適用されると、海外の関連企業との取引価格を通常の独立企業間価格に置き直して所得が計算される。そのことを通じて、所得の国外移転を通じた課税逃れを防止することができる。

一方、タックス・ヘイブンに設立した子会社等を通じた国際取引によって、税負担を不当に軽減ないしは回避することを防ぐ仕組みとして外国子会社合算税制がある。そこでは、タックス・ヘイブン等における事業主体等の実態のない子会社に対して、一定の税負担の水準（20%）未満を対象に、外国子会社等の所得相当額を内国法人等の所得とみなして合算課税される。そのほか、過少な資本や過大な支払利子等を通じて所得を税率の低い海外に意図的に移してい

るとみなされる場合には、損金算入を制限するかたちで、それを回避する税制上の仕組みが設けられている。

　平成26年度の税制改正では、国際課税原則が、従来の総合主義から帰属主義に改められた。その結果、外国法人等について、国内源泉所得に課税する従来からの基本的な考え方の下で、外国法人の国内に有する恒久的施設に帰属すべき所得が、国内源泉所得の1つに位置付けられた。

　なお、2国間での投資や経済交流の促進等の観点から、主に源泉地国の課税権の制限等を通じて国際間の税務紛争を防ぎ、税務当局間の情報交換の実施を行うなどの目的から結ばれるのが租税条約である。租税条約がなくても外国税額控除は適用される。

第4章

政府支出

1 GDP統計と政府支出

　国内総生産（GDP）は経済活動の規模を量る重要な指標であるが、そのなかで財政活動は大きな位置を占めている。**表4-1**は、平成27年度のGDPの第1次推計値を示したものであるが、532.2兆円のGDPのうち、公的需要は約4分の1を占めている。そのうち、教育や医療サービスなどからなる政府最終消費支出は2割程度、インフラ投資等の公的固定資本形成は5％程度である。GDP統計であるので、生活保護などの移転所得はどちらにも含まれない。社会保障給付であっても現物給付のサービスは政府最終消費支出に含まれる。

　それらの割合をおよそ20年前と比較してみると、政府最終消費支出のGDPに対する構成比は15％程度であったのに対して、公的固定資本形成は9％近い水準であった。すなわち、GDPに占める政府支出の割合はあまり変わらないものの、インフラ整備から経常的サービスにウエイトが変化している。政府最終消費支出のGDPに対する割合が20％程度というのは、途上国にはあまりないが、先進国のなかでは特に大きいわけではなく、スウェーデンやデンマークなどの**福祉国家**では25％を超えている。

　政府活動の経済への影響を量るものとして**国庫収支**がある。国は公共サービスの提供や財源の調達あるいは財政投融資などを行うが、それら財政主体としての国を国庫、国庫に属する預金を国庫金と呼ぶ。国庫金は日本銀行に政府預金として預けられている。国庫金の受け払いである国庫収支のうち、国庫対民間収支（とりわけ財政活動に伴う通貨量の増減を的確に表すように技術的調整を加えた

表4-1　GDPの内訳と政府支出（平成27年度）

（単位：10億円、％）

国内総生産		532,191.4	100.0
国内需要		532,177.5	100.0
	民間需要	399,409.6	75.0
	民間最終消費支出	299,862.1	56.3
	民間住宅	15,929.6	3.0
	民間企業設備	81,207.8	15.3
	民間在庫変動	2,410.2	0.5
	公的需要	132,767.9	24.9
	政府最終消費支出	106,926.3	20.1
	公的固定資本形成	26,724.0	5.0
	公的在庫変動	17.6	0.0
	財貨・サービスの純輸出	13.9	0.0
	財貨・サービスの輸出	91,658.7	17.2
	財貨・サービスの輸入(控除)	91,644.8	17.2

備考）内閣府による平成27年度分の第1次年次推計値に基づく。

財政資金対民間収支）は、通貨量の増減を通じて経済活動に大きな影響を与える。当然、通貨量を増やす場合には、経済活動を刺激する。

　政府が民間から吸収した資金が放出する資金よりも大きい場合には揚超、小さい場合には散超と呼ぶ。表4-2は、一般会計や特別会計ごとの対民間収支（窓口収支）をみたものである。平成26年度における総収支尻は131兆6,344億円の受取超過（散超）、一般会計だけでみると6兆9,051億円の支払超過となっている。一般会計は特別会計等に繰出し等を行っているので、窓口収支では、政府の会計ごとの収支状況はわからない。そこで窓口収支から国庫内振替収支を調整したものを実質収支と呼んでいる。一般会計は、平成26年度では国庫内振替収支が35兆4,953円の支払超過となることで、実質収支は42兆4,004億円の支払超過となる。一方、保険は一般会計からの繰入金などで国庫内振替収支が10兆2,304億円の受取超過であり、実質収支は窓口収支の支払超過が消えて7,317億円の受取超過となる。なお、国庫金の対民間収支は、民間に対する資金の動きをみたものであり、会計ごとの国庫収支の実質収支は、出納整理期

表4-2　財政資金対民間収支（窓口収支）、平成26年度

（△は支払超過、単位：億円）

区分	26年度 (A)	25年度 (B)	比較 (A)-(B)
一　般　会　計	△69,051	△131,115	62,064
う　ち　租　　税	525,223	464,686	60,538
社会保障費	△178,285	△170,682	△7,603
その他支払	△127,634	△144,900	17,266
特　別　会　計　等	△163,943	△255,274	91,331
う　ち　財政投融資	69,072	79,432	△10,360
外国為替資金	11,680	△35,071	46,751
保　　　険	△94,987	△141,467	46,480
小　　　　　　計	△232,994	△386,389	153,395
国　債　　等	641,077	703,803	△62,725
国庫短期証券等	908,231	753,577	154,654
合　　　　　計	1,316,314	1,070,990	245,323
調　整　項　目	30	145	△115
総　　　　　計	1,316,344	1,071,136	245,209

注）
1．一般会計は交付税及び譲与税配付金特別会計を含む。
2．「一般会計」の25年度欄には、社会資本整備事業特別会計にかかる25年度の実績が含まれている。
出所）財務省『財政金融統計月報（平成26年度国庫収支特集）』

間に伴う収支の帰属年度が異なるなどの要因があることで、決算における収支とは一致しない。国庫収支では、経済活動に与える影響という点では、年度内の月次別にみた収支の動きも重要である。

2　公共財の考え方とその限界

　経済活動に対して政府活動を対比的に考える場合、政府の役割は、市場が機能する条件を整備するとともに、市場が対応できない特定の財やサービスである**公共財**を提供することだと整理できる。民間財が提供できるのは、消費者が価格を支払ってくれるからであるが、消費者が特定できない、あるいは特定することに多額の費用がかかる場合には、売上で費用を回収できない。そのような財・サービスを公共財と定義すると、その性格は、消費の**競合性**と**排除性**の2つで説明ができる。

消費の競合性とは、誰かが消費すると当該財・サービスは他者が消費できない意味である。食品や衣類など消費財や投資財のほとんどがそれに該当する。しかし、道路や橋りょうなどでは、混雑しない限りは消費の競合性がない。河川に堤防を築いて洪水対策をした場合も、受益者は多数に及ぶ。花火や美しい景観などにも同じ性格がある。消費の非競合性は公共財の一側面である。また、価格等で費用が回収できるのは、費用負担をしない者を消費から排除できる排除性があるからであって、それができない非排除性がある財・サービスを公共財と定義することができる。外交や防衛、警察などのサービスがそれにあたる。非排除性も公共財の異なる側面である。

　それに対して、教育サービスには、教育を受ける者にとっての直接的な便益に加えて、社会全体で教育水準が上がることへの社会的な便益を発生させる。識字率が上がることが社会のコミュニケーションを容易にし、経済的な豊かさを実現する。そのような受益者以外に発生する間接的な便益（社会的便益）を**外部性**と呼ぶ。外部性とは、消費する個人の外部に便益が及ぶことを指す。感染する病気に対する治療や予防行為は外部性を持っている。それと同時に、受動喫煙が問題視されるように、外部性にはマイナスの外部性もある。外部性がある財・サービスに対して、受益する個人からのみ料金で費用を回収しようとすると、社会全体では過少供給になるので、外部性に対応した部分だけ税金を投入することが理論的には望ましい。その場合、公共財は外部性が100％の財・サービスであると整理できる。このように、公共財はさまざまな観点から定義されている。

　図4－1は、民間財と公共財の最適供給量と費用負担のあり方を示している。左図で、D_IとD_{II}は、2人の個人（または世帯）における民間財の1財に対する需要曲線を示している。2人分を集計した社会的需要曲線は、民間財の場合、同じ価格に対して、それぞれが異なる量を購入しようとするので、水平方向に加算したD_{I+II}で示される（$OF=CH$となるように描かれている）。供給曲線Sと社会的需要曲線との交点Eが均衡価格P_0と均衡需要額Q_0を示している。2人は同じ価格P_0の下で、それぞれQ_1とQ_2を購入する（$Q_0=Q_1+Q_2$）。その結果、市場に任せておけば、売上額$P_0×Q_0$を結果的に、$P_0×Q_1$と$P_0×Q_2$でシェアするかたちになる。

図 4-1　民間財と公共財の費用負担

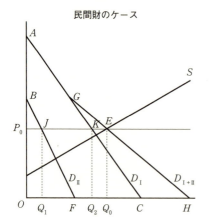
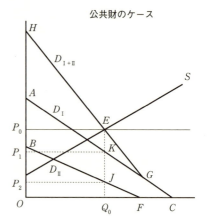

　一方、公共財を示す右図では、社会的需要曲線は、2人の需要曲線を縦方向に加算している。この図では、公共財は、いったん政府から供給されると2人に等量が消費されるものと考えられている。道路などのインフラで競合性がない場合には、そのように考えてもおかしくない。もっとも、公共財に対する需要曲線は、市場で観察されるものではない。あくまで仮想的に、政府が提供する公共サービスに対して、本音ではどれほどの税を負担してもよいかを正直に表明することを仮定することで導かれる（税逃れをしたいと考えれば、通常、公共財に対する需要は過少にしか申告されない）。社会的需要曲線と供給曲線の交点 E が均衡価格 P_0 と均衡需要額 Q_0 を示している。2人は公共財の同量 Q_0 の下で、それぞれ単位あたり P_1 と P_2 の税を負担する（$P_0 = P_1 + P_2$）。その結果、最適な供給量に必要な財源である $P_0 \times Q_0$ を、$P_1 \times Q_0$ と $P_2 \times Q_0$ をシェアすることになる。このときの税負担配分は、受益に応じた負担である応益課税に基づくものといえる。

　このように、政府による公共サービスの提供と民間の経済活動を対比すると、その違いは明らかである。しかしながら、典型的な公共財と呼ばれるものは少なく、その提供をするだけで政府の役割が果たされるわけではない。伝統的には価値財と呼ばれるものがある。それは個人の自由な選択に頼っていれば過少にしか需要されないものを、社会的な便益があるという理由で、強制的に

消費させるものである。その典型例が、基礎教育の義務化である義務教育である。同様に、個人の選択では過大に需要されるものを抑制する（飲酒や喫煙）あるいは全面禁止する麻薬摂取などはマイナスの価値財と呼ばれる。公共財の理論は、個人の自由な選択を前提とするが、価値財は自由な選択を無制限に認めることが、幸福な社会を実現する上で限界があることを示している。

公共財の考え方は、個人と社会の二分論に拠っている。それに対して、個人は個人として社会に存在するのではなく、共同体に属するものと考えると、政府が提供すべき公共サービスは、共同体が負うべきものすべてが対象であり、家族や地域共同体では負いきれないものが政府の役割と位置付けられる。今日における財政の役割の中心は、共同体機能の社会代替であるといってもよい。

大規模災害を防ぐための治山、治水、津波対策などは政府の役割であるが、消防団や自主防災組織などを通じて、共同体ないしはそれに準じる組織等が防災活動を行っている。農業では、生産活動も一部は共同体で担っている。農村社会では、祭礼や葬式などの冠婚葬祭も、実態として共同体が担っている。このように社会生活の多くの機能を共同体が担うことを基本としながらも、近代社会では、近隣組織などの共同体の働きが弱くなるだけでなく、基本の単位である家族機能の低下が著しい。財政活動はそれを補う機能を担わざるを得ず、その程度はますます大きくなっている。

公的年金は、民間の養老保険のような貯蓄の機能を持つものではない。親を子が扶養するという家族機能に代わって、子ども世代が親の世代を扶養するという家族機能の社会代替を果たすものである。介護サービスも同様に、高齢者を介護する家族機能の一部を社会的に代替するものである。近年、充実の必要性が指摘されている子育て支援は、家庭の子育て機能を補完するものである。このように、今日において、財政が受け持つ分野は、市場で供給できない財・サービスといった公共財の理論で説明できる分野を超えて広がっている。

道路などの**社会資本**にとどまらず、大気、水、森林などの自然環境、教育、医療、金融、司法、行政などの制度資本を含めたものを社会的共通資本と呼ぶことがある。それらを健全に形成していくうえで、財政は大きな役割を果たすものでなければならない。財政の機能を市場の補完といった限定的な分野にとどめようとすると、財政のあり方に対して間違ったメッセージを発することに

つながる。公共財の考え方の限界はそこにある。

3　政府支出の区分と歳出の効率化

　国の予算書では、予算配当の基本である所管別予算の下に、歳出の各項目について、機能別分類である主要経費別区分と目的別区分、性質別分類である使途別区分、国民所得統計である国民経済計算上の区分である経済性質別分類、および建設国債の対象となる経費であるかどうかの区分がされてコード番号が振られており、それぞれの分類に従った予算の内訳が参考資料として公表されている。

　そのうち、**表4-3**では所管別分類、**表4-4**では予算の内容を説明する際に最もよく利用される主要経費別分類を示している。表4-3の所管別分類では、多くの事業費を所管する組織と事務費等が中心である組織では予算規模が大きく異なることが目立つ。予算規模が大きいのは、社会保障予算を所管する厚生労働省、公債費を所管する財務省、地方交付税を所管する総務省などであり、公共事業を所管する国土交通省や農林水産省、義務教育などの教育費を所管する文部科学省、防衛費を所管する防衛省がそれに続く。

　一方、表4-4で、公債費と地方財政関係経費（地方交付税交付金と地方特例交付金）を除いた歳出を、政策的経費として一般歳出と呼ぶことがある。そのなかで社会保障関係経費の割合は、近年では3割を超えており、今後、ますます拡大していくと見込まれている。平成28年度から内訳の区分が見直され、従来の年金医療介護保険給付費は細分されるとともに、子育て対策等の少子化対策費が抜き出され、生活保護費はその他の経費と合算されて生活扶助等社会福祉費が設けられている。社会保障・税一体改革では、消費税の全額を社会保障財源とするだけでなく、年金、医療、介護、子育て支援の社会保障4経費に充てるとされたが、主要経費別分類においても社会保障4経費のそれぞれの内訳に従った区分に改められた。主要経費別分類は、予算配当の傾向を大きく把握するうえで優れているが、どこにも分類されないその他の事項経費が比較的大きい。その大部分は一般行政経費であり、目的別分類では、国家機関費に区分されている。

　なお、経済性質別分類では、国民経済計算の政府支出を算出する場合の区分

表4-3 所管別一般会計歳出予算

(単位:百万円)

区 分	平成24年度	25	26	27	28
皇 室 費	6,056	6,037	6,268	6,117	6,100
国 会	133,461	132,246	138,052	136,832	138,673
裁 判 所	317,496	298,204	313,809	312,657	315,300
会計検査院	15,656	15,761	16,953	16,829	16,827
内 閣	94,040	108,195	123,868	126,790	115,231
内 閣 府	2,937,202	913,823	1,513,581	2,971,999	2,919,398
総 務 省	17,855,599	18,418,917	17,918,475	17,669,116	15,991,441
法 務 省	719,683	699,176	739,978	750,713	742,017
外 務 省	799,904	813,384	856,151	894,381	714,011
財 務 省	25,339,362	25,534,814	25,055,232	25,125,401	25,757,327
文部科学省	6,327,161	5,667,830	5,599,982	5,417,118	5,321,556
厚生労働省	29,749,062	30,266,582	30,822,919	30,602,026	30,310,958
農林水産省	2,857,494	2,467,419	2,401,192	2,464,618	2,139,200
経済産業省	1,770,121	1,342,198	1,569,168	1,186,438	938,625
国土交通省	6,500,818	6,193,521	6,465,496	6,454,930	5,917,764
環 境 省	287,341	333,468	371,668	355,430	323,265
防 衛 省	4,826,191	4,865,393	5,087,544	5,171,880	5,054,149
合 計	100,536,649	98,076,967	99,000,338	99,663,275	96,721,841

注) 1. 本表の計数は予算成立時の分類基準によっているため、第6表(3)の27年度計数とは必ずしも一致しない。
  2. 28年度を除き、各年度とも補正後予算である。
出所) 財務省『財政金融統計月報(平成28年度予算特集)』

に従うための分類であり、収入と支出をそれぞれ経常勘定、移転勘定、資本勘定の3部門からなる。政府の予算を経常予算と資本予算に区分することは重要であり、特に世代間の負担のあり方を考える場合には重要となる。

19世紀のドイツの財政学者であるワグナーは、国民経済の発展とともに財政支出が増大し、国民所得に対する政府支出の相対的な規模が増大する**経費膨張の法則**があるとした。そこでは、国家が社会秩序を維持するための管理経費にあたる法および権力目的に係る経費と、社会サービスの提供にあたる文化および福祉目的の経費に分け、それぞれが別の理由から、経済発展に伴って増大する理由があることを示した。一方、1960年代に、ピーコックとワイズマンは、イギリスの政府支出の動向を実証的に検証し、経費膨張が単純に続くのではなく、戦争などの時期に戦費調達のために一時的に膨らんだ歳出が、戦争終了後もかたちを変えて残ることで、経費膨張のトレンド線が上方にシフトする**転位**

表 4-4 主要経費別一般会計歳出予算

(単位：百万円，％)

区分	平成24年度 予算額	構成比	25 予算額	構成比	26 予算額	構成比	27 予算額	構成比	28 予算額	構成比
総額	100,536,649	100.0	98,076,967	100.0	99,000,338	100.0	99,663,275	100.0	96,721,841	100.0
社会保障関係費	29,450,243	29.3	29,371,259	29.9	30,535,674	30.8	32,182,058	32.3	31,973,783	33.1
1. 年金医療介護保険給付費	21,580,177	21.5	21,849,577	22.3	22,559,230	22.8	23,106,360	23.2	-	-
2. 年金給付費	-	-	-	-	-	-	-	-	11,312,994	11.7
3. 医療給付費	-	-	-	-	-	-	-	-	11,273,896	11.7
4. 介護給付費	-	-	-	-	-	-	-	-	2,932,323	3.0
5. 生活保護費	2,809,192	2.8	2,813,272	2.9	2,859,705	2.9	2,875,099	2.9	-	-
6. 社会福祉費	4,199,315	4.2	3,991,325	4.1	4,465,321	4.5	5,510,012	5.5	-	-
7. 少子化対策費	-	-	-	-	-	-	-	-	2,024,062	2.1
8. 生活扶助等社会福祉費	-	-	-	-	-	-	-	-	4,008,045	4.1
9. 保健衛生対策費	481,208	0.5	380,142	0.4	469,022	0.5	522,526	0.5	286,476	0.3
10. 雇用労災対策費	380,351	0.4	336,944	0.3	182,396	0.2	168,061	0.2	135,986	0.1
文教及び科学振興費	6,415,788	6.4	5,771,708	5.9	5,641,730	5.7	5,483,756	5.5	5,357,989	5.5
1. 義務教育費国庫負担金	1,545,888	1.5	1,476,408	1.5	1,540,448	1.6	1,528,387	1.5	1,527,058	1.6
2. 科学技術振興費	1,720,185	1.7	1,520,589	1.6	1,415,621	1.4	1,365,680	1.4	1,292,915	1.3
3. 文教施設費	253,844	0.3	217,802	0.2	115,109	0.1	113,547	0.1	80,663	0.1
4. 教育振興助成費	2,777,258	2.8	2,450,314	2.5	2,472,093	2.5	2,379,153	2.4	2,344,170	2.4
5. 育英事業費	118,612	0.1	106,595	0.1	98,459	0.1	96,989	0.1	113,181	0.1
国債費	21,545,296	21.4	21,810,741	22.2	22,509,604	22.7	22,906,985	23.0	23,612,124	24.4
恩給関係費	570,495	0.6	503,643	0.5	444,201	0.4	392,867	0.4	342,067	0.4
1. 文官等恩給費	18,081	0.0	16,039	0.0	14,193	0.0	12,448	0.0	10,977	0.0
2. 旧軍人遺族等恩給費	524,734	0.5	463,460	0.5	408,933	0.4	361,020	0.4	314,400	0.3
3. 恩給支給事務費	1,559	0.0	1,441	0.0	1,402	0.0	1,866	0.0	1,251	0.0
4. 遺族及び留守家族等援護費	26,121	0.0	22,704	0.0	19,674	0.0	17,533	0.0	15,440	0.0
地方交付税交付金	16,757,183	16.7	17,427,951	17.8	16,977,067	17.1	16,681,935	16.7	15,157,775	15.7
地方特例交付金	127,467	0.1	125,522	0.1	119,188	0.1	118,868	0.1	123,300	0.1
防衛関係費	4,826,455	4.8	4,865,974	5.0	5,088,580	5.1	5,171,880	5.2	5,054,149	5.2
公共事業関係費	6,997,764	7.0	6,324,491	6.4	6,405,800	6.5	6,546,985	6.6	5,973,703	6.2
1. 治山治水対策事業費	1,018,996	1.0	801,119	0.8	868,793	0.9	921,916	0.9	844,057	0.9
2. 道路整備事業費	1,439,254	1.4	1,205,752	1.2	1,360,266	1.4	1,397,491	1.4	1,334,555	1.4
3. 港湾空港鉄道等整備事業費	428,644	0.4	393,413	0.4	430,633	0.4	442,680	0.4	420,971	0.4
4. 住宅都市環境整備事業費	488,691	0.5	427,661	0.4	663,817	0.7	577,639	0.6	537,469	0.6
5. 公園水道廃棄物処理等施設整備費	187,255	0.2	238,219	0.2	153,124	0.2	169,212	0.2	108,106	0.1
6. 農林水産基盤整備事業費	850,114	0.8	683,678	0.7	604,324	0.6	698,172	0.7	593,147	0.6
7. 社会資本総合整備事業費	2,235,822	2.2	2,275,047	2.3	2,049,423	2.1	2,096,255	2.1	1,998,566	2.1
8. 推進費等	102,056	0.1	89,133	0.1	70,621	0.1	67,312	0.1	63,753	0.1
9. 災害復旧等事業費	246,932	0.2	210,471	0.2	204,799	0.2	176,309	0.2	73,079	0.1
経済協力費	663,126	0.7	654,435	0.7	661,028	0.7	674,381	0.7	516,132	0.5
中小企業対策費	644,425	0.6	509,009	0.5	487,745	0.5	346,309	0.3	182,484	0.2
エネルギー対策費	855,598	0.9	949,172	1.0	1,295,944	1.3	969,384	1.0	930,787	1.0
食料安定供給関係費	1,303,502	1.3	1,179,261	1.2	1,184,035	1.2	1,254,099	1.3	1,028,215	1.1
その他の事項経費	9,119,307	9.1	8,283,803	8.4	7,399,740	7.5	6,583,769	6.6	6,119,335	6.3
経済危機対応・地域活性化予備費	909,999	0.9	-	-	-	-	-	-	-	-
予備費	350,000	0.3	300,000	0.3	250,000	0.3	350,000	0.4	350,000	0.4

注）1．本表の計数は予算成立時の分類基準によっているため、第6表（1）の27年度計数とは必ずしも一致しない。
　　2．28年度を除き、各年度とも補正後予算である。
出所）財務省『財政金融統計月報（平成28年度予算特集）』

効果があるとした。現代においても、各国において、政府支出が傾向として増大し、財政赤字の拡大を避けるために経費膨張を押さえることが重要であるとされている。

　歳出の効率化を図る基本的な仕組みとして、会計検査院による**会計検査**がある。会計検査院は、内閣からも独立した憲法上の機関であり、国や法律で定められた機関の会計を検査し、不適切あるいは非効率、ときには不適法な会計経理を指摘し、改善を求める権限を持っている。会計検査を経なければ政府は決算結果を議会に提出することはできず、検査結果は議会に報告される。それらを通じて、議会の監視活動が強化され、予算執行の効率化が進むことが期待されている。会計検査院の検査には一定の抑止力があるが、予算配当や財政制度のあり方など、大きな課題に切り込むには限界がある。

　そこで、公共事業の箇所付け（道路整備なのでどの路線を選択するかなど）では、費用―便益分析が行われ、一定の値以上でなければ事業化しないなどの手法も、非効率な支出を避けるためには有効である。このような考え方を、経常的な経費を含めた個々の事務事業の選択にも応用するのが、地方自治体などで採用されている事務事業評価などの行政評価である（近年、国でも目標管理の仕組みが導入されている）。ただし、その場合には、効果の測定が難しいだけでなく、人件費や減価償却費などの費用の把握も容易ではない。また、たとえば社会保障と教育など、異なる分野の事業の優先順位を付けることは容易ではない。歳出の無駄を客観的に明らかにして効率化につなげようとする試みは、まったく効果がないわけではないが、大きな効果をあげることは難しい。近年、民主党政権では、事業仕分けが行われたが、歳出の組み替えにつながった例はあっても、大きな規模で歳出が減ることはなかった。経験的に、事業そのものを見直したところで、歳出規模の劇的な圧縮は難しいといえる。

　かつては、国の予算の合理化は人件費の圧縮で行おうとした時代があり、現在でも、国の職員定員には厳しい枠がはめられている。一方、地方歳出の圧縮は、近年でも人件費の抑制が大きな課題となる。近年、国と地方の両方で、事業費の大幅抑制が実現したのは、次節で述べる公共事業費についてである。

　わが国でも、行政改革によって歳出の合理化を図る動きは何度もあった。1960年代に臨時行政調査会（第1次）が設けられ、そこで事業別予算の導入が

答申されたが、実現されることはなかった。次いで、第1次石油危機のあとの財政危機を受けて、1980年代に始められた第2次臨時行政調査会では、国鉄民営化など公社の見直しなどが進められた。このようにターゲットを定めて組織・制度の改革を進めるタイプの手法は、21世紀に入ってからの小泉純一郎内閣での郵政民営化や、道路公団の民営化などが行われてきた。

近年では、政府支出等に関する情報開示を積極的に進めるとともに、公会計改革などの会計制度の見直しの議論も盛んに行われ、国や地方で発生主義会計に基づく決算報告の作成が進められている。また、空港や地方公営企業で運営権を民間に委託するコンセッション方式や、公共施設の設置や維持、運営等で民間が主導権を発揮するPFIの導入などを進める動きがある。

国の予算では、概算要求の段階で要求額に厳しい枠をはめて、予算の重点化を図るために、特定の政策目標にかなう分野に優先課題推進枠を設けるなどの手法が多用されている。そのような手法が相当長く続けられたために、一般管理経費や事務的経費が不足しているほか、本来、必要な予算枠が確保できないことで、当初予算で当然対応すべきものを補正予算で複数年度分まとめて対応したり、本来は優先課題推進枠の趣旨に適合しないものであっても、それに合うように理屈付けをして対応したりすることがある。そのようなことが積み重なると、予算の内容が歪むことによって、さらなる問題を引き起こす懸念がある。

4　景気変動と経済対策

図4-2は、景気動向指数を示したものである。そこで示したDI指標とは、構成する指標のうち、改善を示したものの割合を算出するものであり、100%（0%）はすべての構成指標が改善（悪化）の方向を示した場合を意味する。50%を境にそれより上は景気の上昇局面、それよりも下は下降局面である。景気動向指数は大きく変動しているが、概ね2〜3年で景気悪化と上昇を繰り返していることが読み取れる。

不況の時期になると、そこからの脱出をめざしたマクロ経済政策が要請され、そこで財政は大きな役割を果たすことが期待されている。表4-5で示したように、経済情勢が悪化すると、政府によって経済対策が策定される。平成

図4-2 景気動向指数（DI指数、一致指数）、1980年1月〜2016年6月

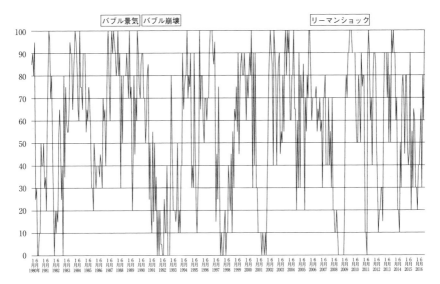

10年から28年までの間に、実に29回もの大小さまざまな経済対策が実施されている。

経済対策の内容は多様であるが、近年では、防災対策、災害復興の加速、インフラ整備、中小企業などへの産業振興、介護・福祉職の処遇改善、高齢者・低所得者への現金給付などが多い。その財源としては、国税収入が当初予算から上振れすると予想されている額の活用や、国債の追加発行、財政投融資の計画額の追加、政府資産の売却益などであり、通常、補正予算等によって予算額の追加を行うかたちにする。また経済対策として減税を行う場合もある。

仮に、経済対策が必要とされる時期が、次年度の予算編成を行っているタイミングであっても、経済対策として臨時的に実施する事業は当初予算に盛り込まないのが通例である。経済対策のための事業は補正予算対応とすることで、あくまで次年度以降の予算のベースに含まないことを明確にするためである。もっとも、前節で述べたように、今日では通常予算の歳出にあまりにも厳しい枠がはまっているために、本来は、通常予算に乗せて毎年措置すべき額が、当面、補正予算で対応されるようなケースもみられる。

マクロ経済政策の効果は、ケインズ経済学における**乗数効果**として知られて

表4-5　経済対策の実施状況（平成10年～28年）

```
総合経済対策（平成10年4月24日）
緊急経済対策（平成10年11月16日）
経済新生対策（平成11年11月11日）
日本新生のための新発展政策（平成12年10月19日）
緊急経済対策（平成13年4月6日）
改革先行プログラム（平成13年10月26日）
緊急対応プログラム（平成13年12月14日）
早急に取り組むべきデフレ対応策（平成14年2月27日）
当面の経済活性化策等の推進について－デフレ克服の取組加速のために－（平成14年6月17日）
改革加速のための総合対応策（平成14年10月30日）
改革加速プログラム（平成14年12月12日）
成長力強化への早期実施策（平成20年4月4日）
安心実現のための緊急総合対策（平成20年8月29日）
生活対策（平成20年10月30日）
生活防衛のための緊急対策（平成20年12月19日）
「安心実現のための緊急総合対策」、「生活対策」及び「生活防衛のための緊急対策」のポイント（平成21年3月）
経済危機対策（平成21年4月10日）
昨年来の経済対策と効果（平成21年7月）
緊急雇用対策（平成21年10月23日）
明日の安心と成長のための緊急経済対策（平成21年12月8日）
新成長戦略実現に向けた3段構えの経済対策～円高、デフレへの緊急対応～（平成22年9月10日）
円高・デフレ対応のための緊急総合経済対策～新成長戦略実現に向けたステップ2～（平成22年10月8日）
平成23年度補正予算の効果
円高への総合的対応策～リスクに強靭な社会の構築を目指して～（平成23年10月21日）
日本再生加速プログラム　～経済の再生と被災地の復興のために～（平成24年11月30日）
日本経済再生に向けた緊急経済対策（平成25年1月11日）
好循環実現のための経済対策（平成25年12月5日）
地方への好循環拡大に向けた緊急経済対策（平成26年12月27日）
未来への投資を実現する経済対策（平成28年8月2日）
```

出所）内閣府のホームページから作成

いる。不況期には総需要が縮小しているので、政府が国債を発行して貯蓄を吸い上げて、公共事業のような政府支出の追加というかたちで需要を追加すれば、それが経済規模を拡大させる効果がある。その際、追加する政府支出の額よりもGDPを押し上げる効果は乗数倍となる。乗数の大きさは、最も単純なマクロモデルでは $1/(1-限界消費性向)$ となる。すなわち限界消費性向が0.75であれば、乗数は4である。限界消費性向が1に近づくほど、乗数は大きくなる。すなわち、政府支出の増加が所得を押し上げ、それが消費の増加を通じてさらなる景気刺激効果をもたらす際に、消費性向が大きい方が追加される消費

額が大きくなって需要が増えるからである。

　公共事業のような政府支出の追加でなくても、減税あるいは社会保障給付のような移転所得の増加でも経済効果はある。しかし、減税や移転所得の増加は、その全額が消費の追加になるのではなく、一部は貯蓄の増加につながるので、その経済効果は公共事業のような政府支出に比べて小さくなる。一般に低所得者の方が消費性向は大きい傾向があるので、減税や社会保障給付は、低所得者を対象に行う方が経済効果は大きくなる。近年では経済対策として一時的な現金給付を行う例があるが、不況期に失業等で生じている生活不安の緩和を狙うことと、現金給付の代わりに商品券の配付のかたちにすることで消費拡大への即効性のある効果を期待したものである。また、近年、そうした手法が使われる背景には、公共事業に対して非効率な支出であるとの批判が高まり、公共事業を中心とする経済対策に対する理解が得られにくいことがある。

　マクロ経済政策の効果は、消費者が一時的な所得の増加に対して、それがもたらす財政赤字によって将来の増税につながることを予想するなどの理由で消費の増加を手控えるようにしたり、外国為替が変動して金利の上昇や通貨高による輸出の減などの効果が生じて、経済政策の効果が減殺される度合いが大きくなるほど小さくなる。近年では、日本経済では乗数効果は1以下、あるいはゼロに近いといった見方すらある。

5　社会資本形成

　わが国は昭和30年代に高度経済成長時代を経験し、その時期には重厚長大産業がめざましい成長を遂げた。また、農村から首都圏、関西圏、中京圏の三大都市圏に大量の若者が流れ込んだ。その結果、道路、交通、港湾、空港、治山、治水、上下水道、住宅などの社会資本整備が急務であるとされた。また、伊勢湾台風（昭和34年）などの規模の大きな自然災害が相次ぎ、災害対策の必要性も深刻であった。そうしたなかで、公共事業予算を拡大し、社会資本の整備が進められてきた。

　昭和50年代になると学校建設などの公共施設の整備も重要な課題とされた。また、対米貿易黒字が拡大したことで、アメリカから内需拡大を求められ、日米構造協議では、公共投資を充実させることを約束した。平成に入って、ガッ

ト・ウルグアイラウンドの関税交渉で、米の輸入解禁の圧力を受けて門戸を開くようになると、農業対策として公共事業の追加を行うことにもなった。バブル崩壊後の経済対策でも、公共事業や公共施設建設が手法として多用されることとなった。社会資本の整備状況は、その効果によって相当程度改善され、一般国道の道路改良率は、昭和30年度は35％であったが、平成26年度は92％に上昇している。

　その結果、先進国のなかでもわが国の公共事業の規模は突出して大きくなったが、経済対策として予算規模の量的拡大を図った結果、無駄な公共事業や施設建設と批判されるような事例が目立つようになり、次第に公共事業やいわゆるハコ物（文化会館等の公共施設）の建設に対して、逆風が吹くようになった。小泉内閣による**構造改革**では、道路公団の民営化などの組織改革と並んで、財政再建の要請もあって、投資的経費の大幅削減が進められた。その結果、国民経済計算における一般政府の公的固定資本形成のGDPに占める割合は、かつては6％を超えていたが、近年では東日本大震災の復旧・復興事業による押し上げを含めても3％台で推移している。2％台のアメリカや1％台のドイツに比べるとなお高いが、かつてのほどの差はなくなっている。

　図4-3は、近年の公共事業関係費の推移を示している。平成10年度が最大規模であるが、年度によって補正予算で大幅な追加が行われているのは、前節で述べた経済対策の影響である。公共事業には国の直轄事業、地方の補助事業、地方単独事業の3つがあるが、事業の規模でみると、一般的には国の直轄事業が最も大きく、地方の補助事業、地方単独事業と続く。

　国の直轄事業は事業主体が国であるが、地方もその整備に係る受益を根拠に一定割合を負担している（かつては維持管理にも地方は直轄事業負担金を負担していたが、維持管理費は管理者が全額負担すべきとの理由で平成22年度に廃止された）。一方、地方の補助事業は、事業主体は地方公共団体であるが、国もその便益の全国的な広がりを根拠に補助金交付のかたちで負担する。図4-3の事業費は、国費ベースであるので、国の直轄事業と地方の補助事業の国負担分だけを指しており、地方費を含めると、公共事業費はさらに大きな規模となる。

　公共事業の見直しのなかで焦点となったのは、道路特定財源の扱いであった。かつて、わが国の道路整備水準が相当程度低く、その引き上げが急務とさ

図4-3 公共事業関係費の推移（昭和53年度～）

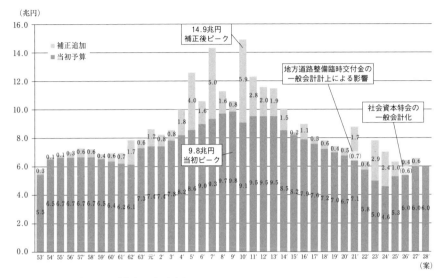

注）NTT-A、B（償還時補助等を除く）を含む。
出所）国土交通省資料

れていた昭和30年代から、道路整備財源を確保するために、揮発油税などの税目を道路財源とする目的税化を進め、地方税も含めて、その段階的充実を図ってきた。公共事業費を圧縮するなかで、道路予算の削減を進める上で、道路特定財源の廃止が検討課題となり、さまざまな議論を経て平成21年度に廃止され一般財源化された。また、その過程で、事業費確保の根拠となっていると批判された公共事業関係の長期計画の見直しが進められ、事業評価の厳格な実施など、社会資本整備の重点目標を達成する内容に切り換えられている。それと並行して、それまで公共事業関係の特別会計の整理が進められ、平成26年度には社会資本整備特別会計が一般会計に統合された。

近年、急激に公共事業関係予算を始め、国・地方を通じた投資的経費の圧縮が急激に進んだために、インフラが維持できないなどの事態が懸念されている。理論的には、過去の投資額から算出される減価償却費が、事業費予算を上回ることとなり、すべてをかつての事業の置き換え投資に振り向けても社会資本ストックが目減りする状況となっている。そこで地方自治体では公共施設等

総合管理計画を策定し、インフラの長寿命化や、公共施設の建替時における統合・複合化等によるダウンサイジングをめざすこととしている。

第 5 章
社会保障

1　分配の公平

　所得分配の公平の実現は、財政の機能の１つであって、その達成は、社会の安定にとって最も重要なことである。分配が不公平だと感じられると、国への求心力が薄れ、治安が悪化するなど社会秩序が乱れ、経済活動にも悪い影響を与える。もっとも、公平の意味は多様である。憲法第25条が定めるように、生存権の保障にかなうように、最低限の生活が維持できる所得が保障されることは最重要である。最低限の生活の定義は時代によって少しずつ豊かになる方向に変わってきている。

　次に、働きに応じた所得分配があることも重要である。それを**貢献度原則**という。同一労働・同一賃金の必要性が強調されているが、非正規雇用者が、働きの内容は同じであるにもかかわらず、正規雇用者よりもはるかに低い賃金と不安定な立場しか提供されないことは不公平である。そのほかにも、さまざまな不正の類いがマスコミを賑わすことが多いが、政治家や官僚、あるいは権力者が、特権を振りかざして不当な利益を受けることが標的となることは少なくない。

　また、税負担の公平の際には、負担能力に応じた貢献を行うことを通じて所得や保有資産の格差を是正し、所得や資産の再分配を図ることが重要である。格差是正は、今日の世界的なテーマである。

　資本主義経済は、経済成長を促すことによって成り立っている側面がある。分配の公平をあまりにも厳しく問えば、資本蓄積がされなくなり、経済成長に

重大な支障を来す。そこで、課税によって分配の格差を是正するときには、資本所得という果実に対して課税することはあっても、果樹である資本そのものに課税をすることには慎重であるべきだと考えられる。

　もっとも、資産の収益率は労働の対価である賃金よりも大きいという見方もあり、その場合には、資産を保有して富める者と労働以外に所得を生み出す源泉を持たない者との格差は、永遠に広がっていくこととなる。その場合には、相続税の強化などで、保有する資産の格差の是正を図ることが必要である。「売り家と唐様で書く三代目」は、金持ちの家が子孫になると身代を持ち崩して三代続かないことを皮肉った江戸時代の川柳であるが、それが社会通念であれば、資産格差はいずれ是正されるので大きな問題ではない。しかし、グローバルな経済では、国家権力が十分に対応できずに、タックス・ヘイブンなどを通じて、国際的な合法・非合法の課税逃れが可能となり、資産格差が広がる一方となる懸念がある。所得格差を一定程度まで是正する適度な所得再分配は重要な課題である。もっとも、どこまでが適度であるかは、明確には判断できない。

　最低限の所得保障と、貢献度原則、適度な所得再分配の３つは、どれも公平であるが、それぞれはまったく異なるものであり、互いに矛盾をしている。すなわち、公平は、それが使われる局面に応じてさまざまな意味をもつ。社会通念によって決まるものであって時代とともに変わるだけでなく、短期的にも世論の動向によっても変わりうる。

　貧困には、**絶対的な貧困**と**相対的な貧困**がある。憲法が求める最低限の所得保障は、最低限で文化的な生活の保持という意味で絶対的な貧困からの救済に主眼があるが、近年、課題となっている子どもの貧困などは相対的貧困についてである。経済成長をすると、絶対的な貧困は基本的に減っていく方向にあるが、相対的な貧困は、所得再分配政策が十分でないと生じうる。また、年金制度などで問題とされる世代間の公平は、社会保障の負担と給付の損得関係を示すものである。それは世代会計とも呼ばれる世代間の分配の公平であって、世代間での適度な再分配を問題にしたものである。このように、公平はさまざまな観点で政策課題となっている。なお、公平に似た言葉として、公正や分配の正義などがあるが、それぞれ特に異なる意味があるわけではない。

貢献度原則は市場のルールに沿った分配であるので、それに従えば市場を歪めることなく生産水準を最大にするが、所得格差を是正する方向で適度な再分配を行おうとすると、市場の調整機能が歪められ、生産の効率性が低下するという見方がある。これを厚生経済学では、**効率と公平のトレードオフ**と呼ぶ。伝統的なミクロ経済学の考え方を踏襲したモデル分析によって、トレードオフが生じることを論理的に導くことができる。その一方で、国家による秩序のない市場経済では、分配の公平が成り立たないばかりか、国家が適切な所得再分配を放棄したことによって、経済のメカニズムが機能不全に陥る懸念がある。どのように働いても所得格差の下級階層から抜け出せないとなったときに、労働意欲が損なわれることも十分ありうる。適切な所得再分配を行うことは、常に重要な政策である。

社会保障給付は、基本的に個人に直接的な便益が発生するサービスであって、道路などの社会インフラのように社会全体に便益が波及するものではない。その反面で、所得格差が社会不安を生むことを社会保障制度によって食い止め、共同体社会としての住みやすさをもたらし、社会への帰属感を高め、求心力を生み出すならば、社会保障制度は制度インフラとして機能するといえる。

2　社会保障制度の全体像と費用負担

社会保障制度は、**社会保険**と**公的扶助**に大別される。社会保険には、公的年金、国民健康保険などの医療保険、介護保険、雇用保険があり、公的扶助は生活保護制度と児童福祉、障害者福祉などの（狭義の）社会福祉からなる。広義の社会福祉（単に社会保障と呼ぶこともある）には、社会保障制度に保健医療や公衆衛生が含まれる。

社会保険は保険料が主たる財源であり、医療や介護ではそれにサービス利用時に本人負担が加わり、公的扶助は基本的に公費（国費または地方費）が基本である。もっともそれは原則であり、社会保険制度であっても保険料を引き下げるために多額の税金が投入されている。また、障害者福祉では、サービス利用時に一定の本人負担があるものもある。

自営業者や農家、退職者等が加入する公的医療保険である国民健康保険は、国民と名前がついているが、保険者（保険制度の運営責任者）は市町村である

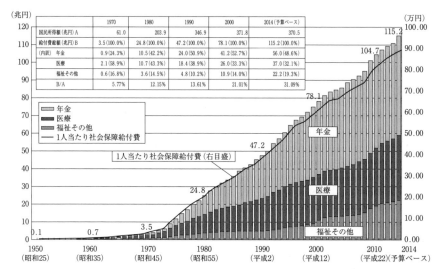

図 5 - 1　社会保障給付費の推移

資料）国立社会保障・人口問題研究所「平成23年度社会保障費用統計」、2012年度、2013年度、2014年度（予算ベース）は厚生労働省推計、2014年度の国民所得額は「平成26年度の経済見通しと経済財政運営の基本的態度（平成26年1月24日閣議決定）」
注）図中の数値は、1950、1960、1970、1980、1990、2000及び2010並びに2014年度（予算ベース）の社会保障給付費（兆円）である。
出所）厚生労働省資料

（平成30年度には運営責任が都道府県に移管の予定）。社会保障制度の担い手はほとんどが地方自治体である。さらに、医療や介護など多くの分野で、サービス給付は、大半が民間の事業者が担っている。社会保障制度は基本的に国が制度設計を行っているが、地方自治体が単独事業として実施している社会保障給付も少なくない。このように、運営主体、サービス提供者、公費の国・地方の費用負担などが、社会保障の各制度によって異なり、多様であるのが大きな特徴である。

図 5 - 1 は、社会保障給付の長期的な推移をみたものである。国民所得に対する割合が示されているが、昭和45（1970）年度において5.7％であり、65歳以上人口の比率である高齢化率は7.1％であった。その後、昭和55（1980）年度には12.15％（高齢化率9.1％）、平成12（2000）年度には21.01％（同率17.4％）と急上昇している。平成26（2014）年度の予算ベースでは31.00％、高齢化率

表 5-1　平成29年度社会保障関係予算（国の一般会計）

(単位：億円)

	平成28年度	平成29年度	増△減
一般会計歳出（A）	967,218	974,547	(0.8%) 7,329
うち 　一般歳出（B）	576,286	583,591	(0.9%) 5,305
うち 　社会保障関係費（C）	319,738	324,735	(1.6%) 4,997
年金給付費	113,130	114,831	(1.5%) 1,701
医療給付費	112,739	115,010	(2.0%) 2,271
介護給付費	29,323	30,130	(2.8%) 807
少子化対策費	20,241	21,149	(4.5%) 908
生活扶助等社会福祉費	40,080	40,205	(0.3%) 125
保健衛生対策費	2,865	3,042	(6.2%) 177
雇用労災対策費	1,360	368	(△73.0%) △992
（C）／（A） （C）／（B）	33.1% 55.3%	33.3% 55.6%	
うち 　恩給関係費（D）	3,421	2,947	(△13.9%) △474
（C+D）／（A） （C+D）／（B）	33.4% 55.9%	33.6% 56.1%	

注）計数はそれぞれ四捨五入している。
出所）財務省資料

は26.0％となっている。今後、高齢化率は2060年には40％程度まで上昇すると見込まれている。社会保障給付費の内訳でみると、近年では、年金がほぼ2分の1、医療が3分の1、その他が15％程度である。その他のなかで介護給付と生活保護の割合が大きく、残った部分にそれ以外のさまざまな社会保障給付が含まれている。

　一方、国の一般会計予算における社会保障関係予算の大きさを示したのが**表5-1**である。平成29年度予算の当初予算の歳出97兆4,547億円に対して、社会

保障関係費は32兆4,735億円であり、その構成比は33.3％である。また、一般会計歳出から公債費と地方財政関係費を除いた一般歳出に対する比率でみると55.6％である。平成28年度に比べると、どちらの構成比も上昇している。このように、近年では予算の大きな部分を社会保障関係費が占めており、歳出抑制にあたっては社会保障給付をどのように見直すかが常に課題となっている。

　社会保障関係費の内訳でみると、平成29年度当初予算で、年金と医療給付費が11.5兆円程度でほぼ同水準、介護給付費が3.0兆円程度、少子化対策2.1兆円程度、生活扶助等社会福祉費が4.0兆円程度である。生活扶助等社会福祉の内訳である生活保護費は3兆円程度であるから、社会保障関係費32.5兆円程度のうち、年金、医療、介護、少子化対策、生活保護を除くと1.3兆円程度であり、そこでさまざまな社会福祉サービスが提供されている。表5-1は国費ベースであって、公費負担には、それ以外に地方費がある。たとえば生活保護は国費ベースでは3兆円程度あるが、補助率が75％であるので、地方費を含めると4兆円に達する。

　国費と地方費および保険料の財源の全体像を示したのが図5-2である。社会保障給付における歳入の内訳は、保険料は64.1兆円、国費が31.1兆円、地方費が11.9兆円であり、それ以外に年金などにおける基金等の運用収入がある。このほか、医療や介護では利用者の窓口負担がある。保険料だけを財源としているのは雇用保険（雇用安定事業と能力開発事業の二事業）や労災保険、公的年金では厚生年金と共済年金、医療保険では組合健保の健康保険のみである。公的年金のなかでも基礎年金は2分の1国庫負担、医療保険では国民健康保険は公費負担が2分の1（残る保険料の部分にも後述のように公費が一部投入）、健康保険（協会けんぽ）にも国費が入っている。このように、社会保険では、一定の公費負担があるほか、被保険者の平均所得が比較的低い保険者には、保険料軽減の意味から税金が投入されることもある。

　公的扶助の各種の制度のなかで国費と地方費の割合は異なっているが、制度が形成されたときの経緯によることも多く、明確な理由があるわけではない。どちらかといえば、国の一律の制度で、地方の自由度が小さい制度ほど国費の割合が高い。

図5-2 社会保障財源の全体像（イメージ）

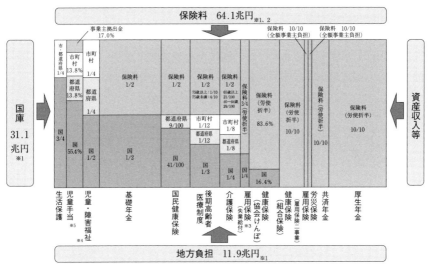

※1 保険料、国庫、地方負担の額は平成26年当初予算ベース。
※2 保険料は事業主拠出金を含む。
※3 雇用保険（失業給付）については、当分の間、国庫負担額（1／4）の55％に相当する額を負担。
※4 児童・障害福祉のうち、児童入所施設等の措置費の負担割合は、原則として、国1／2、都道府県・指定都市・中核市・児童相談所設置市1／2等となっている。
※5 児童手当については、平成26年度当初予算ベースの割合を示したもの。
出所）厚生労働省資料

3　社会保障・税一体改革

　重い税負担は経済活動の妨げとなり、経済成長率を引き下げる効果があるので、政府は政府にしかできない必要最低限の公共サービスの提供にとどめ、できるだけ民間の力を引き出すことが望ましいという新自由主義的な考え方がある。小さな政府と呼ばれる。それに対して、北欧諸国のように国民が税や社会保障負担を多く負担する国は、大きな政府と呼ばれる。政府が小さいか大きいかの差は、社会保障給付をどこまで行うかで決まってくる。先進国のなかではアメリカだけが小さな政府であり、オバマ大統領時代のオバマプランはあるものの、公的な医療保険制度や公的年金制度の充実に熱心ではなかった。
　先進国が経済成長率の低下に悩む1980年代、わが国は突出して経済成長率が

高く、まだ高齢化率が低かったこともあって、国民負担率が低かった。その当時は、国民負担率を引き上げないようにして、経済の成長力を維持すべきだという見方がされていた。しかし、1990年代からわが国の経済は低迷を続けるなかで、国民負担率の高い北欧の経済成長率がわが国をしのぐほどとなり、国際的にみて、国民負担率と経済成長率にはマイナスの相関は認められないようになった。また、その間にわが国の財政赤字は先進国最悪の水準に達することとなった。

そうしたことを背景に、消費税率の引き上げを中心とする税制改正によって税収確保に努めながら、同時に社会保障給付を充実させる**社会保障・税一体改革**が実施されることとなった。そこでは、社会保障の充実によって、国民が将来に不安を感じなくなることが、社会の安定や経済の活性化につながるという見方がされている。社会保障・税一体改革によって、わが国は小さな政府論ではなく、中規模から大きな規模の政府への転換の方向性を明確にした。

社会保障改革の基本的な考え方などを定めた社会保障制度改革推進法と消費税率を5％から最終的に10％に引き上げる税制抜本改革法、および子育てや年金の関連法が成立したのは平成24年8月であり、社会保障改革の詳細と進行管理などを定めた社会保障制度改革プログラム法が成立したのは、平成25年12月であった。その後、社会保障の各分野の個別法の改正が順次成立したことで、消費税率がまず8％に引き上げられた平成26年度から社会保障・税一体改革が開始されることとなった。社会保障改革は、自公政権の福田康夫首相が設けた社会保障国民会議によって開始され、民主党政権時代に税制抜本改革法等が成立し、自公政権に戻ってから開始されている。消費税率を5％分も引き上げるのは、総額で最終的に14兆円に及ぶ増税であり、そのような規模の税制改正が成立するには、与野党を超えた幅広い支持が必要であった。

図5-3は、社会保障・税一体改革の枠組みを示している。そこでは、平成26年4月に消費税率（国・地方）を8％に引き上げた後、27年10月より10％へ引き上げるとあるが、経済情勢を見極めて2度延長され、平成31年10月に予定されている。また、消費税収はその全額を社会保障に充てる。国分については、高齢者3経費である基礎年金、老人医療、介護に、少子化対策を加え、制度として確立された社会保障4経費に対して、福祉目的税化される。また、地

図5-3 消費税5％引き上げによる社会保障制度の安定財源確保

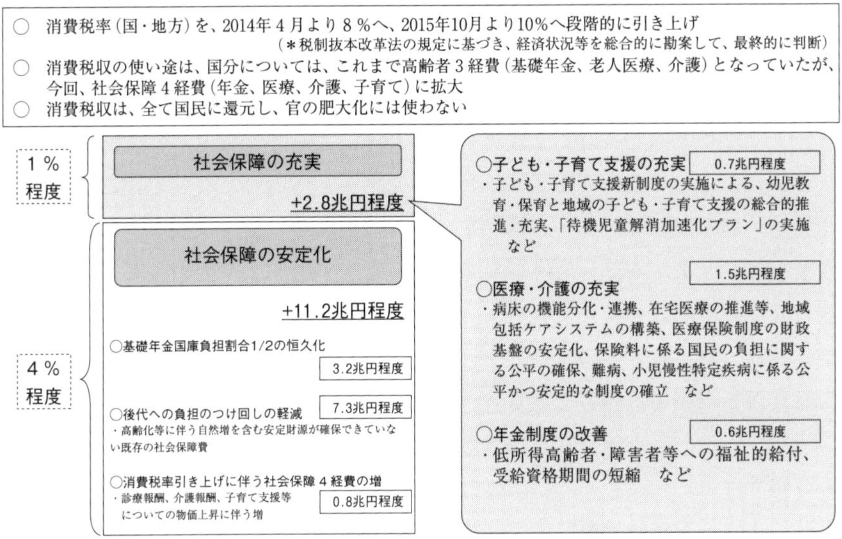

- 消費税率（国・地方）を、2014年4月より8％へ、2015年10月より10％へ段階的に引き上げ
  （＊税制抜本改革法の規定に基づき、経済状況等を総合的に勘案して、最終的に判断）
- 消費税収の使い途は、国分については、これまで高齢者3経費（基礎年金、老人医療、介護）となっていたが、今回、社会保障4経費（年金、医療、介護、子育て）に拡大
- 消費税収は、全て国民に還元し、官の肥大化には使わない

1％程度
社会保障の充実
+2.8兆円程度

○子ども・子育て支援の充実　0.7兆円程度
・子ども・子育て支援新制度の実施による、幼児教育・保育と地域の子ども・子育て支援の総合的推進・充実、「待機児童解消加速化プラン」の実施　など

4％程度
社会保障の安定化
+11.2兆円程度

○基礎年金国庫負担割合1/2の恒久化　3.2兆円程度

○後代への負担のつけ回しの軽減　7.3兆円程度
・高齢化等に伴う自然増を含む安定財源が確保できていない既存の社会保障費

○消費税率引き上げに伴う社会保障4経費の増　0.8兆円程度
・診療報酬、介護報酬、子育て支援等についての物価上昇に伴う増

○医療・介護の充実　1.5兆円程度
・病床の機能分化・連携、在宅医療の推進等、地域包括ケアシステムの構築、医療保険制度の財政基盤の安定化、保険料に係る国民の負担に関する公平の確保、難病、小児慢性特定疾病に係る公平かつ安定的な制度の確立　など

○年金制度の改善　0.6兆円程度
・低所得高齢者・障害者等への福祉的給付、受給資格期間の短縮　など

注）税制抜本改革法に沿って消費税率が平成27年10月に10％に引き上げられ、増収分が平成29年度に満年度化した場合、5％引き上げ分の14.0兆円程度のうち、1％程度の2.8兆円程度が充実に充てられる。
出所）厚生労働省資料

方分についても、社会保障財源化する。

　そこでいう国分と地方分とは、消費税収の配分を指している。消費税が5％の段階では、国分の消費税が4％であって、地方分である地方消費税は1％であった。10％に引き上げた際には国分は7.8％、地方分は2.2％となり、国分に含まれる地方交付税財源となる1.52％分を地方分とカウントすると、最終的に国分は6.28％、地方分は3.72％となる。その配分割合は、国と地方の社会保障給付の割合に沿ったものとされた。

　増収となる5％分の消費税は、その1％に相当する2.8兆円が社会保障の充実に、残りの4％分は社会保障の安定化に充てられる。安定化の内訳は、①基礎年金の国庫負担割合を3分の1から2分の1に引き上げたものの、その際には6分の1相当額の財源が手当てできないでいたものに充当する3.2兆円、②7.3兆円はこれまで赤字国債（第7章参照）で賄ってきた社会保障給付の部分、③消費税率を引き上げることで社会保障4経費のうち診療報酬や介護報酬、子

育て支援等での物価上昇に伴う給付増額が0.8兆円、とされる。すなわち、①と②を合わせた10.5兆円は赤字国債の減額という意味で財政再建に貢献する。

　一方、充実分の2.8兆円については、①子ども・子育て支援に0.7兆円、②医療・介護の充実には1.5兆円、③年金制度の改善で0.6兆円とされる。そのうち、①では子ども・子育て支援新制度の実施によって待機児童の解消をめざすなど、全体として子育て支援サービスを充実させる内容となっている。一方、②では、病床の機能分化・連携や在宅医療の推進等、地域包括ケアシステムの構築など、充実する部分だけでなく、全体として医療費や介護療養費を抑制する方向での重点化を含んでいる。③は、消費税率引き上げの影響を受ける低所得高齢者・障害者等への福祉的給付や、受給資格期間の短縮などで公的年金の受給資格を緩和する内容である。

　消費税率を引き上げ、社会保障財源を確保し、財政再建と両立させようとする方向性は、これまでのわが国の財政の運営では十分打ち出せなかったことである。その背景には、財政赤字の深刻さだけでなく、社会保障の充実が不可欠なことがある。

　農村社会が都市化していく過程で、生産拠点は家族から職場に移動し、その結果、三世帯同居が減り、核家族化が進展し、さらに高齢化と非婚化・晩婚化が進むことで一人世帯が増えるようになる。そのことで、高齢者の扶養や子育てなどに対する家族機能は大きく後退する。それにもかかわらず、平均寿命が延びることで退職から死亡までの期間が長くなり、高齢者をケアする必要度は高まる一方である。また、人口減少を少しでも食い止めようとすると、出生率を高める必要があるが、そのためには、低下した家庭の子育て機能を補う必要がある。併せて、経済成長のためには女性の労働参加が必要であり、子育ての社会代替が急務である。このように、家族機能の社会代替を進めるために、社会保障制度の充実が強く要請されている。

4　国民皆保険・皆年金の意義とそれがもたらす課題

　資本主義経済の初期段階において、生産手段を持たない労働者にとって、けがや疾病によって労働ができないことはたちまち貧困を意味し、それを防ぐために医療保険が重要となる。わが国の社会保険制度は戦前に始まるが、世界で

最も早かったドイツと同様に、労働者に医療保険から始められている。第1次世界大戦後の不況期の大正11（1922）年に、労働者層を対象とする健康保険制度の導入が決まった（関東大震災の影響で法施行は5年後に延期）。保険料は労使折半であり、国庫負担も導入されている。会社や銀行の従業員への医療保険の導入は昭和14年であり、戦中の17年に両者は統合されている。また、昭和14年に始まった船員保険は医療保険と年金を兼ねたものであり、公的年金の萌芽となる。

このような被用者保険とは別に、地域保険としての医療保険である**国民健康保険**制度も、強制加入ではないが、昭和13年7月に施行されている。その背景には、内務省が農村における貧困と疾病の連鎖に対処する医療保険制度の確立をめざしたことがあった。地方分与税などの**財政調整制度**の発足も、農村における貧困対策という同じ問題意識に基づくものである。地域保険である国民健康保険は、昭和17年の改正で、地方長官の権限によって国民健康保険組合の強制設立がされるようになり、その結果、18年度末には市町村の95％で国民健康保険組合が設立されている。

一方、年金制度は退役軍人や官吏に対する恩給制度が起源にあり、昭和16年に労働者年金保険法が公布され、19年には対象を拡大して厚生年金保険制度が発足している。公的年金制度の発足の背景には、戦時体制下における生産力の拡大やインフレ防止のための強制貯蓄的機能の強化の必要があったとされる。

このような戦前の社会保険の整備の動きを受けて、昭和23年の国民健康保険法の改正では、実施主体を国民健康保険組合から市町村へ移し、その後に国民健康保険への国庫補助の法制化を果たしている。厚生年金についても、昭和29年の改正で、養老年金を定額部分と報酬比例部分の2階建てにする方式として国庫負担を導入することで、財政方式を積立方式から賦課方式の方向に修正する方式に改められ、社会保険を中心とした社会福祉制度が整備された。福祉国家の考え方の基本となったイギリスの**ベヴァリッジ報告**は昭和17（1942）年であり、それが戦後の社会保障改革に影響を与えた。

わが国は、先進国では最も早い時期である昭和36年に**国民皆保険・皆年金**を達成している。医療保険では、昭和36年4月1日までに、全市町村に国民健康保険の実施を義務付ける法律によって実現することとなった。その結果、市町

村に住所を有する者は、被用者保険加入者等でない限り、国民健康保険に強制加入とされた。当時は、被用者保険の恩恵にあずかれない者が不満を募らせており、国民皆保険の実施は広く国民に歓迎された。

　一方、年金制度は、被用者保険である厚生年金や共済年金が分立し、対象範囲が狭かったことから、対象外の者に適用される拠出制の国民年金を設け、昭和36年4月から保険料の徴収を開始したことで皆年金が成立した。国民年金は、被用者年金にある事業主負担がなく、加入者に低所得者が多いことから、3分の1の国庫負担が導入された。それと同時に、高齢のため受給に必要な加入期間を満たせない人や、既に障害を有する人に対して、無拠出の老齢福祉年金や障害福祉年金、母子福祉年金等を設けている。それらは、その性格上、全額国庫負担とされた。

　国民皆保険・皆年金の実現は、その後のわが国の社会の安定の基盤を作ったといってもよいほど画期的なことであった。国民の健康状態は良好になり、予防接種や健康診断の実施などの保健の充実とも相まって、世界でも指折りの長寿国が実現した。皆保険・皆年金が実現した時期は、戦後の経済成長期のさなかであり、出生率も高く人口が急増した。平均寿命が若く、人口が増加し経済成長をすることで、社会保障制度を支えるのに好条件が揃っていた。それが今日になると、すべての好条件が反転し、しかも長寿命化によって社会保障制度への負荷がかかるようになっている。その結果、社会保障の財源をどのように支えるかの財政問題が重くのしかかっている。

　制度形成の経緯で示したように、公的保険のうち医療保険と公的年金では、被用者保険である職域保険で始まり、国民健康保険は市町村を保険者として、国民年金は政府自らが運用し、どちらも職域保険と並列している。また、そのどちらも保険者間で、加入者の年収や年齢に大きな差があり、そのことが保険運営の条件の有利不利を決めている。本来ならば、保険者を統合してその差を埋めることが望ましいが、それは有利な条件の保険者の加入者の既得権を侵すことになる。そこで、保険者を統合しないまでも、限りなくそれに近い方向になるように制度を改正してきた。その結果、制度はたいへん複雑になっているが、そうせざるをえない理由に注目することが重要である

5　医療保険

　わが国は、公的な医療保険が皆保険であることに加えて、医療機関を自由に選べ、世界的にみて保健医療水準が高く、その結果として平均寿命がきわめて高い。国民にとってそれだけの医療サービスを比較的低い自己負担で、かつ現在の保険料水準で受けることが当然の権利のように受け止められているが、それらを維持するためには、大きな財政負担を伴う現実がある。

　図5-4はわが国の医療保険体系を示している。74歳までの者は扶養家族としても含めて、国民健康保険（市町村国民健康保険または国民健康保険組合）か被用者保険（協会けんぽ、健康保険組合、共済組合）かのどちらかに原則として加入している（生活保護の被保護者はどちらにも加入せず、生活保護費から医療費が賄われる）。

　国民健康保険の加入者は約3,800万人であり、市町村国民健康保険には自営業者、年金生活者、非正規雇用者のほか無業者等と被用者保険の退職者が加入し、国民健康保険組合は医師や建設業などの業種別の医療保険組合（多くは皆保険以前に形成されたもの）からなる。中小企業の給与所得者は協会けんぽに加入し、加入者は約3,500万人である。大企業の給与所得者は企業別組合である健康保険組合に加入し、保険者は1,400、加入者は約3,000万人である。公務員や私立学校の教職員などが加入する共済組合は、保険者数85、加入者数は約900万人である。医療給付費は、国民健康保険が約10兆円、協会けんぽが約5兆円、健保組合と共済組合で約5兆円であり、その内数である65歳から74歳までの前期高齢者約1,600万人は約16兆円である。一方、75歳以上の者は後期高齢者医療制度に加入しており、加入者数は約1,600万人、組合数は都道府県ごとに設けた広域連合の47である。

　医療保険制度では、1人あたりの医療費が高くなる高齢者をどのように扱うかが、常に問題となってきた。昭和40年代、年金給付額は低く、医療保険の家族給付率は5割であったことから、高齢者の医療費の負担軽減が課題となった。そこで、東京都などのいわゆる革新自治体（首長が保守系以外の政党の支持を受けて当選した地方自治体）では、国の制度に先立って独自に高齢者の医療費の窓口負担を、公費によって肩替わりする、老人医療費の無料化が始められ

図5-4　医療保険制度の体系

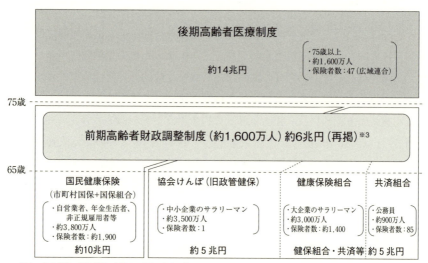

※1　加入者数・保険者数、金額は、平成26年度予算ベースの数値。
※2　上記のほか、経過措置として退職者医療（対象者約200万人）がある。
※3　前期高齢者数（約1,600万人）の内訳は、国保約1,290万人、協会けんぽ約190万人、健保組合約90万人、共済組合約10万人。

出所）厚生労働省資料

た。そうした動きが全国に広がり、それに後押しされるかたちで、老人医療費支給制度が、70歳以上を対象に、全国一律の制度として48年1月から実施された。併せて、健康保険の家族給付率を引き上げて、窓口負担を3割に引き下げるとともに、当時3万円を超える自己負担分を医療保険から支給する高額療養費制度が創設された。

　しかし、老人医療費支給制度は、医療機関への不要不急の受診をもたらし、やがて「病院のサロン化」「過剰受診・過剰診療」あるいは、「社会的入院」（病気治療の必要性はないもののひとり暮らしなど家庭の事情などの理由で入院すること）といった現象を引き起こし、次第に社会問題化することとなった。そこで、昭和58年2月に、老人医療費支給制度が廃止されて、市町村を運用者とする**老人保健法**が施行された。

　そこでは、高齢者にも窓口負担に一部負担（一定額）を求めるとともに、老人医療費に要する費用を、国・地方で3割負担（国20％、都道府県5％、市町村5％）し、各保険者が7割を拠出することとした。保険者が老人医療費を負担

する理由は、被用者保険に加入していた者が退職によって国民健康保険に移行し、その結果として、国民健康保険の財政状況を悪化させたことがあった。そこでは、老人保健制度は、各保険者の共同事業として位置付けられている。保険者の拠出金は、老人加入者の割合の違いを反映するように調整される（老人加入者の割合が低いほど保険者に対して拠出金を割り増す）。その後、高齢者の窓口負担は段階的に引き上げられ、平成9年9月に定額を増額、13年1月からは1割負担（月額上限つき）、14年10月には月額上限がなくなり現役並み所得者は2割、18年10月からは現役並み所得者は現役と同じ3割となった。

　その後、高齢化と医療費の高騰が進んだことで、一層の制度改正が必要とされた。医療保険組合が徴収した保険料のなかで共同事業である老人保健制度に拠出する割合が上昇を続けることで若人と高齢者の費用負担関係が不明確であること、保険料を徴収する主体である健保組合等の保険者と老人保健制度の運営者である市町村が分離していること、加入する制度や市区町村によって保険料額に差があることなどが問題であるとされた。そこで、平成20年4月には老人保健制度が廃止され、65歳から74歳の前期高齢者は2割負担・現役並み所得者は3割となり、前期高齢者の医療費を各保険者の共同事業として拠出する仕組みは継続された。一方、75歳以上の後期高齢者は**後期高齢者医療制度**に移行することとなった。

　後期高齢者医療制度は、現役世代と高齢者の費用負担のルールの明確化を図り（給付費に対して、約5割を公費、約4割を現役世代からの支援金、約1割を高齢者の保険料で負担）、広域化の観点では、全市町村が加入する都道府県単位の広域連合を運営主体とした。老人保健制度は各保険者の共同事業であったのに対して、後期高齢者医療制度では後期高齢者医療広域連合が保険者となる。なお、窓口負担は原則1割だが、現役並み所得者は老人保健制度の下でと同じ3割である。

　図5-5は、医療保険制度の財源構成を示している。被用者保険から国民健康保険への拠出は、退職者医療への退職者交付金と、前期高齢者への前期交付金がある。被用者保険のうち、健康保険組合や共済組合に公費は投入されていないが、協会けんぽには投入されている。一方、後期高齢者医療制度への支援金は、医療費全体の10分の4と決まっており、国民健康保険、健康保険組合、

図5-5　高齢者に対する公的医療保険制度

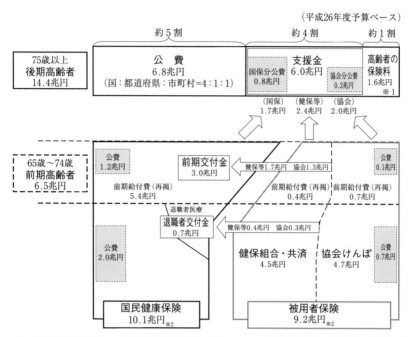

※1　後期高齢者の保険料は、低所得者等に係る軽減分を考慮していない（保険料軽減措置や高額医療費の支援等の公費0.5兆円を含む）。
※2　国民健康保険（10.1兆円）及び被用者保険（9.2兆円）は、各制度の給付費を示しており、他制度への納付金や支援金を含まない。

出所）厚生労働省資料

共済組合、協会けんぽから拠出されているが、拠出分に対しても国民健康保険と健保組合分には公費が投入されている。

　平成24年度で、各保険者の加入者の平均年齢は、国民健康保険が50.4歳であるのに対して、被用者保険は30歳代であり、前期高齢者の割合でも国民健康保険では3割を超えているが、被用者保険は1桁台である。そのことは加入者あたりの医療費に大きく跳ね返ってくる。その結果、保険財政の運用では、保険者間で大きな差が付くことになる。そうした問題を抜本的に解決するためには、医療保険を全国民で一本化することが最も望ましいが、それができないので老人保健制度を導入したものの、拠出金の割合が大きくなりすぎて行き詰まった。そこで、今度は後期高齢者医療制度によって、最も医療費が高くなる後

期高齢者だけを、国民健康保険や被用者保険から切り離して、都道府県単位で後期高齢者だけの医療保険組合を作って、そこに一定の割合で公費と支援金、後期高齢者自身の保険料を充てる財政スキームとした。それでもなお、保険者間で比較して、加入者の平均所得が最も低い国民健康保険で、保険料率が最も高い構造は変わっていないものの、相当程度緩和されている。

　後期高齢者医療制度は、都道府県単位の保険制度として発足したが、国民健康保険は市町村単位で運営されてきた。市町村は、住民にとって最も身近な政府であり、保険行政等を通じて住民の健康増進を図っているので、そのことが保険料の抑制につながる意味もある。ところが、今日では医療費の抑制を図り、社会保障の財政負担を抑制することが急務とされており、そのためには病床数の適正化を図るなどで、都道府県の働きが重要となっている。そこで、社会保障改革のなかで、国民健康保険は平成30年度から、都道府県に財政責任を始めとする運営上の責任を移し、市町村には引き続き保険料の賦課徴収、保健事業を行うように改められ、公的医療保険制度はそこで大きな転機を迎える。

　図5-6は、国民健康保険の財政スキームである。医療給付費のうち前期高齢者交付金で賄う部分を除き、公費と保険料で50％ずつとすることを原則としている。公費は国分と地方分からなり、財政力の弱い組合に重点的に配分する調整交付金と、定率を補助する定率交付金がある。一方、保険料で賄うとされている部分についても、財政基盤強化策（高額な医療費（1件80万円超）や、低所得者が多い市町村国保への財政支援）や、低所得者に対して保険料を軽減する代わりに公費を投入する保険料軽減制度、財政安定化支援事業（市町村国保財政の安定化、保険料平準化のため地方財政措置）を講じている。それらを通じて、保険料のなかで再保険によって高額医療費が発生するリスクを吸収したり、さまざまな理由に基づく公費投入によって保険料を抑制したりしている。また、都道府県や市町村の財政負担は、全額または相当部分が地方交付税でカバーされている。

　そうした財政スキームに伴う負担は、地方自治体にとって、都道府県も市町村もけっして小さくないが、とりわけ市町村に厳しい。図5-6では、保険料収入の内数として法定外で一般会計に繰り入れる額が表記されている。それらは徴収すべき保険料を、低所得者への配慮などの理由で地方自治体の判断で税

図 5-6　国民健康保険の財政制度

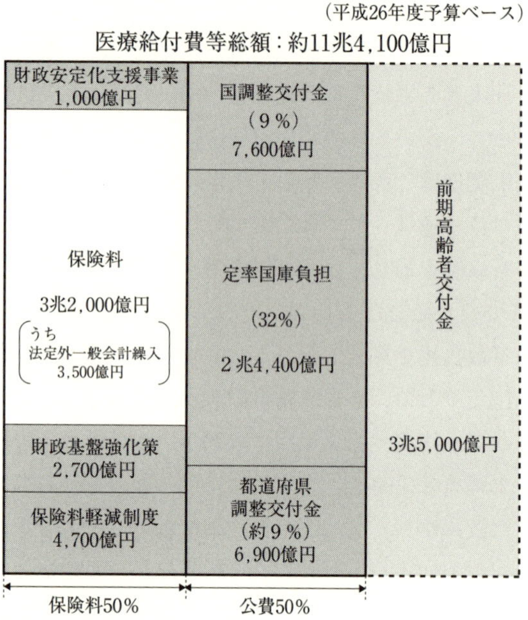

(平成26年度予算ベース)
医療給付費等総額：約11兆4,100億円

保険料50%		公費50%	
財政安定化支援事業 1,000億円	保険料 3兆2,000億円 うち 法定外一般会計繰入 3,500億円	国調整交付金 （9％） 7,600億円	前期高齢者交付金 3兆5,000億円
財政基盤強化策 2,700億円		定率国庫負担 （32％） 2兆4,400億円	
保険料軽減制度 4,700億円		都道府県 調整交付金 （約9％） 6,900億円	

出所）厚生労働省資料

金を投入して引き下げている部分であり、それらに対する地方交付税の措置はなく、財政負担として重い。また、保険料の徴収率が低いなどの理由で、国民健康保険会計の赤字団体もあり、赤字は税金で解消しなければならない。それらのことから、国民健康保険は市町村の財政運営の逼迫要因となっている。

6　公的年金

　公的年金は社会保険であり、世代間扶養の仕組みである。子どもが親を扶養する代わりに、子どもの世代が親の世代を扶養する家族機能の社会代替の１つである。わが国の公的年金は、積立方式に拠っており、保険料を負担することで受給権を得るようにしているが、積立てた額が運用された結果がそのまま年金給付となるわけではない。現役世代が負担する保険料で年金給付の少なくとも一部を賄う賦課方式の運用方法が採り入れられている。

若いときに貯蓄をすることで放棄した購買力が、高齢者になって取り戻すことができるためには、金融市場で超長期の名目経済成長に見合うだけの金利が付かなければならないが、金融市場はそれほど完全なわけではなく、現在の高齢者の世代では実現していない。したがって、自助努力だけによって老後の生活を支えることは難しく、それだけに公的年金は不可欠である。高齢化と少子化が進むことで、世代間で比較すると、後ろの世代ほど保険料負担と年金給付の関係が次第に不利になる世代間の不公平が生じるが、それは回避できない。世代間不公平を緩和するためには、経済成長を促さなければならない。

　医療保険と同様に、公的年金もまた職域保険としてスタートした。現在では、図5-7のような3階建てと呼ばれる体系をしている。1階部分で、現役世代はすべて国民年金の被保険者となり、高齢者となって基礎年金の給付を受ける。2階部分は職域保険であって、民間企業の給与所得者や公務員や私立学校の教員等は厚生年金に加入し（社会保障・税一体改革で厚生年金と共済年金は平成27年10月に統合）、基礎年金に加えて報酬比例年金の給付を受ける。3階部分は、個人や企業の選択による確定拠出年金や職域加算部分など、さまざまな形態がある。

　被保険者は、自営業者などの第1号保険者、被用者年金である厚生年金の第2号被保険者、第2号被保険者の被扶養配偶者である第3号被保険者からなる。保険料は、第1号被保険者は定額、第2号被保険者は報酬額に比例（労使折半で保険料を負担）、第3号被保険者では被保険者自身は保険料を負担せず、配偶者が加入している被用者年金制度である厚生年金が負担する。

　老齢年金の給付額は、平成28年度では、自営業者（40年加入の第1号被保険者1人分）が月額65,008円、給与所得者夫婦（第2号被保険者の厚生年金（平均的な賃金で40年加入）と基礎年金夫婦2人分（40年加入）の合計）で月額22万1,504円である。一方、保険料は、第1号被保険者の保険料は、平成28年4月現在で月額16,260円である。平成17年4月から毎年280円ずつ引き上げられた結果であり、29年度以降16,900円（16年度価格）で固定する。ただし、毎年度の保険料額や引上げ幅は、物価や賃金の動向に応じて変動する。第2号被保険者の保険料率は、厚生年金の場合、平成27年9月現在で17.828%であり、16年10月から毎年0.354%引き上げられ、29年9月以降18.30%で固定される。平成25年3月末

図5-7 年金制度の体系

(数値は平成27年3月末)

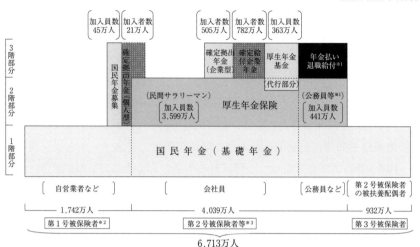

※1 被用者年金制度の一元化に伴い、平成27年10月1日から公務員及び私学教職員も厚生年金に加入。また共済年金の職域加算部分は廃止され、新たに年金払い退職給付が創設。ただし、平成27年9月30日までの共済年金に加入していた期間分については平成27年10月以後においても、加入期間に応じた職域加算部分を支給。
※2 第1号被保険者には、任意加入被保険者を含む。
※3 第2号被保険者等とは、被用者年金被保険者のことをいう(第2号被保険者のほか、65歳以上で老齢、または、退職を支給事由とする年金給付の受給権を有する者を含む)。

第1号被保険者	第2号被保険者	第3号被保険者
○20歳以上60歳未満の自営業者、農業者、無業者等 ○保険料は定額 ・平成28年4月現在月額16,260円 ・平成17年4月から毎年280円引き上げ、平成29年度以降16,900円で固定(平成16年度価格) ※毎年度の保険料額や引上げ幅は、物価や賃金の動向に応じて変動。	○民間サラリーマン、公務員 ○保険料は報酬額に比例(厚生年金) ・平成27年9月現在17.828% ・平成16年10月から毎年0.354%引き上げ、平成29年9月以降18.30%で固定 ・労使折半で保険料を負担	○民間サラリーマン、公務員等に扶養される配偶者 ○被保険者本人は負担を要しない ○配偶者の加入している被用者年金制度(厚生年金又は共済年金)が負担

○老齢年金の給付額(平成28年度)
・自営業者(40年加入の第1号被保険者1人分)　　　　　　　　　　　　　　　　　　　　：月額65,008円
・サラリーマン夫婦〔第2号被保険者の厚生年金(平均的な賃金で40年加入)と基礎年金夫婦2人分(40年加入)の合計〕：月額221,504円
○公的年金受給権者数(平成27年3月末)　　　　　　　　　　　　　　　　　　　　　　　　3,991万人
○公的年金受給者の年金総額(平成27年3月末)　　　　　　　　　　　　　　　　　　　　53兆4,031億円

出所) 厚生労働省資料

で、被保険者は6,736万人であるのに対して、公的年金受給権者数は3,942万人である。公的年金受給者の年金総額は53兆2,397億円である。

公的年金への税金投入は、１階部分である基礎年金の２分の１が中心であって、２階部分にはない。基礎年金の国庫負担の割合を３分の１から２分の１に引き上げた際に、追加の６分の１相当額について、結果的に財源の手当てができていなかった。そこで社会保障・税一体改革では、消費税率にして１％強の財源を充てることとした。

被用者保険では、平成27年３月末時点で簿価ベースで152.7兆円の積立金があるが、概ね100年間で財政均衡を図る方式であり、財政均衡期間の終了時に給付費１年分程度の積立金を保有することとして、積立金を活用し、後世代の給付に充てる。また保険料は段階的に引き上げていくものの、上限を決めており、それ以上には上昇しない。給付水準は、マクロ経済スライドによって、財源の範囲内で自動調整する。

その場合、年金給付額が将来的にどの程度保障されるかが問題となるが、標準的な年金給付水準の現役サラリーマン世帯の平均所得に対する割合である所得代替率でみて、年金を受給し始める時点で50％を上回ることを目標に、５年ごとに財政検証を行っている。このように、公的年金は、給付が不可能な水準を約束しているわけではないので、年金収支が著しく悪化し、積立金が枯渇するという意味で破たんすることはない。その反面で、給付水準がどの程度維持できるかは、今後の経済情勢や人口動態によって大きく変わってくる。

被用者保険では、保険料は基本的に給与から天引きされるので、保険料の未納は基本的に生じることはなく、退職しなければ受給資格を得ることができる。それに対して、自ら納付手続きを行う必要がある国民年金では、若年層を中心に納付率が低く、全体としても60％程度で推移している。一部では、公的年金は当てにできないのでまじめに払う必要はないとの間違った見方がある。高齢者になった後の生活の自衛手段として公的年金ほど信頼できるものはほかにはない。被用者年金に加入せず、国民年金の保険料は負担しなければ、年金の受給権が得られず、現役時に十分な貯蓄をしない限り、老後に生活保護を受けるなどのことになりかねない。国民年金の保険料の未納率が上がっても、公的年金は破たんしないが、年金受給資格のない者の将来の生活の不安はそれだ

け高まる。

　社会保障・税一体改革では、将来の無年金者の発生を抑えるという観点から、受給資格期間の短縮と短時間労働者に対する厚生年金・健康保険の適用拡大を行った。全体として年金の受給資格の実質的な緩和や保険料の軽減を通じて、公的年金のセーフティネットとしての機能強化をめざしている。

7　生活保護

　GHQ（連合国軍総司令部）による占領統治下の昭和21年、憲法施行前に旧生活保護法が成立している。戦後経済の混乱や、戦死による寡婦世帯の急増、戦災孤児などの深刻な貧困問題があった。同法は、「能力があるにもかかわらず、勤労の意思のない者、勤労を怠る者その他生計の維持に努めない者」「素行不良な者」を受給から除外する欠格条項が設けられていた。GHQはそれが無差別の原則に反するなどの理由から問題視し、憲法制定後の昭和25年の生活保護法は、憲法第25条の生存権の規定に沿って欠格条項は落とされた。もっとも、今日でも生活保護の受給者がパチンコなどのギャンブルに興じることには厳しい社会的な批判があり、条例等でギャンブル等の抑制を図っている地方自治体もある。

　生活保護制度の目的は、資産、能力等すべてを活用してもなお生活に困窮する者に対し、困窮の程度に応じた保護を実施することで最低生活を保障することと、自立の助長を促すことである。資産、能力等あらゆるものを活用することが保護を受ける前提であって、扶養義務者による扶養などは、保護に優先されるとされる。不動産、自動車、預貯金等の資産があれば、原則、受けられない。そこで、保護の申請があれば、開始時に預貯金、年金、手当等の受給の有無や可否、傷病の状況等を踏まえた就労の可否、扶養義務者の状況および扶養能力等の調査を行う。厚生労働大臣が定める基準で計算される最低生活費から収入を差し引いた差額が保護費として支給される。

　生活保護の種類は、生活扶助（食費・被服費・光熱水費等の日常生活に必要な費用）、教育扶助（義務教育を受けるために必要な学用品）、住宅扶助、医療扶助、介護扶助、出産扶助、生業扶助（就労に必要な技能の修得等に係る費用、高等学校等に就学するための費用を含む）、葬祭扶助からなる。支給の基準額は、生活扶助で

図 5-8 生活保護の推移

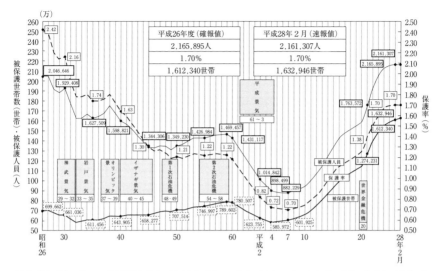

資料）被保護者調査より厚生労働省社会・援護局保護課にて作成（平成 24 年 3 月以前の数値は福祉行政報告例）
出所）厚生労働省資料

は、食費等の個人的費用（年齢別に算定）と光熱水費等の世帯共通的費用（世帯人員別に算定）を合算して算出される。また、医療扶助と介護扶助は、被生活保護者が医療または介護のサービスを受ける際に、本人負担はなく、相当額が直接、医療機関または介護事業者に保護費として支払われる。一方、教育扶助については定められた基準額が支給され、住宅扶助、出産扶助、生業扶助、葬祭扶助については、定められた範囲内で実費が支給される。生活保護の実施機関は、市または都道府県（郡部）および、福祉事務所を設置する町村である。生活保護は公的扶助であり、その費用負担は全額が公費であって、保護費の4分の3を国が負担し、残りを実施機関である地方自治体が負担する。

図 5-8 は、生活保護の保護率の推移を示している。保護率でみると、最も高いのは戦争による影響もあって、昭和26年度の制度創設時である。その後低下し、昭和の終わりのバブル期とその後に最も低水準となったが、さらにその後は、経済不況と高齢化の影響で急上昇している。一方、生活保護受給者数は約216万人であり、平成23年に過去最高を更新し、その後は伸びが鈍化してほ

ぼ横ばいで推移している。

　平成28年2月現在で、生活保護の世帯類型をみると、最も多いのが高齢者世帯の50％、母子世帯6％、傷病・障害者世帯27％、その他の世帯17％である。その他の世帯のなかに失業等の理由で保護を受けている者が含まれる。その他の世帯の割合は、平成20年度の11％に比較すると、リーマン・ショック後の不況で増えてはいるが、近年では失業率の低下とともに平成26年度からは微減である。すなわち、生活保護世帯のおよそ半分は、高齢者世帯で年金の受給資格がないか支給額が低い場合であり、それは高齢化の進展とともに、今後も増えていくとみられる。その反面で、失業による生活保護の受給は減少傾向にある。また、保護費の内訳でみても、最も多い医療扶助が全体の約半分を占めており、生活扶助は1割強に過ぎない。生活保護は、失業をして次の職に就くまでの緊急避難であることが本来の姿であり、就労支援の手段とされるべきであるが、実態は、高齢者福祉において、公的年金がカバーできない部分を担っているのが現状である。

　急増する生活保護費に対して、生活扶助の給付水準を近年の物価の動向を反映させて引き下げ、不正受給対策の強化、医療扶助の適正化等などの対策が講じられた。また、平成27年度からは生活保護に至る前の段階の自立支援策の強化を図るため、生活困窮者に対し、自立相談支援事業の実施、住居確保給付金の支給そのほかの支援を行うために新たに生活困窮者自立支援法が設けられた。

　生活保護費は、平成2年度には1.3兆円程度であったが、近年では4兆円程度で推移しており、その財政負担は大きい。また、地方自治体も保護費の4分の1を負担するが、地域によって保護率が大きく異なることから、保護率の高い地方自治体ではその財政負担に耐えられるようにする必要がある。そこで、地方自治体の負担分は、地方交付税の算定に所要額を盛り込んで、財源を保障するようにしている。その結果、保護費そのもので財政状況が逼迫するわけではないが、保護率が高い地方自治体では低所得者が比較的多数居住しているので、生活保護以外の国民健康保険負担に伴う財政負担や、各種の社会保障給付が財政悪化の要因となるケースもある。

8　介護保険

　平成12年4月から開始された介護保険は、社会保険制度を新たに設けたことにとどまらず、社会福祉における措置から契約への転換の道を開いたという意味で画期的なことであった。高齢者への介護サービスは、介護保険以前は措置制度であって、サービスが受給できるかどうかは地方自治体の判断に拠っていた。介護保険の下では、65歳以上の高齢者であって要介護認定を受ければ、原則として費用の1割を自己負担することで、権利として必要なサービスを受けられる。介護保険制度では、原則としてケアマネジャーの作成するケアプランにしたがって介護サービスが提供され、要介護度に応じて給付の上限が決められる。介護保険制度の導入で、介護事業に充てられる財源が拡大したことを生かして、多くの民間事業者の参入が促された。介護保険の導入時に、どの事業者からサービスを受けるかも受給者の判断で決めることができる利用契約制度が導入された。利用者の選択の幅を広げ、事業者間での競争を通じてサービスの質の向上が図られた。

　措置から契約への転換によって、サービスを受けられる権利の保障が図られたことには、画期的な意味がある。介護保険制度の導入以降、障害者福祉や保育所なども措置から契約に切り換えられることとなった。

　図5-9は、介護保険制度の全体像を示している。保険者は市町村またはそれらが加入する広域連合・一部事務組合である。被保険者は65歳以上の第1号保険者と、40歳以上64歳までの第2号保険者からなる。第1号保険者の保険料は居住する市町村の運営する介護保険の収入になるが、第2号保険者の保険料は医療保険組合を通じて徴収され（医療保険と同様に、事業主負担・国庫負担がある）、全国でプールされて保険者に交付される。

　第2号保険者でも、初老期痴呆や脳血管疾患等の老化による病気が原因で要支援・要介護状態になった場合には、介護サービスが介護保険の対象となるが、大半は第1号保険者が対象者である。要介護認定に基づき、保険給付の範囲でサービス事業者と契約を結んでサービスを受ける。サービス提供機関は民間、公立を含めて形態はさまざまであり、サービスの内容は訪問看護などの居宅サービス、特別養護老人ホームなどの施設サービス、グループホームなどの

図5-9 介護保険制度の体系図

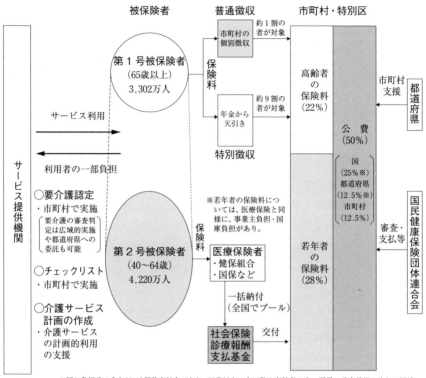

※国の負担分のうち5％は調整交付金であり、75歳以上の方の数や高齢者の方の所得の分布状況に応じて増減
※施設等給付費（都道府県指定の介護保険3施設及び特定施設に係る給付費）は、国20％、都道府県17.5％
※第1号被保険者の数は、「平成26年度介護保険事業状況報告年報」によるものであり、平成26年度末現在のものである。
※第2号被保険者の数は、社会保険診療報酬支払基金が介護給付費納付金額を確定するための医療保険者からの報告によるものであり、26年度内の月平均値である。

出所）厚生労働省資料、ただし一部省略

地域密着型介護サービス等、多くの種類からなる。サービス利用時には、原則1割の負担（一部で2割負担、居住費・食費は利用者負担とは別に費用負担）がある。

介護保険の財政負担は、図5-9にあるように、利用者負担を除くと半額が保険料、半額が公費である。公費の内訳は、国が25％、都道府県と市町村がそれぞれ12.5％である。ただし、国分のうち5％は、調整交付金として、後期高齢者の加入割合や所得段階別被保険者数に応じて、市町村間の財政格差を調整

するために交付するものである。また、都道府県が12.5％を負担するのは居宅サービスであって、施設等給付費については、都道府県の割合は５％上乗せした17.5％であり、国分が５％少なくなる。利用者負担は１割が原則であるが、高額介護サービス費や特定入所者介護サービス費に対しては軽減措置がある。

　一方、５割の保険料の内訳は、高齢者の第１号保険料が22％、若年者の第２号保険料である介護納付金が28％である。第１号保険料の水準は市町村によって異なり、３年ごとに見直される。第２号保険料は医療保険組合で徴収され、被保険者の負担額は医療保険者ごとに算定ルールが異なる（医療保険と同様に事業主負担と国庫負担がある）。また、保険料軽減のために、国民健康保険の場合と同様に、公費が投入されている（公費負担の割合は国が２分の１、都道府県と市町村は４分の１ずつ）。

　国民健康保険とは異なり、介護保険では保険財政を安定化させるために財政安定化基金等が設けられている。その結果、介護保険財政が単年度で大きな赤字を計上することはない。赤字体質であって、ルール外の公費投入が慢性化しがちな国民健康保険の問題は回避されている。その代わりに、介護保険料が急速に上昇している。第１号保険料の平均（月額）は、制度開始の平成12年には全国平均で2,911円であったが、18年に4,090円、27年には5,514円となり、37年には8,165円になると見込まれている。そのために、施設介護を抑制して居宅サービスに移すことや介護予防などに取り組まれている。また、第２号保険者の介護納付金や、国の調整交付金などで、財政調整を行っているが、市町村ごとの保険料の差は大きく、平成27年に始まる第６期では、最低の2,800円から最高の8,686円まで３倍以上の差がある。社会保障・税一体改革のなかで、低所得者への保険料軽減措置の拡大や、一定以上の所得のある利用者の自己負担の２割への引き上げなどが行われている。

9　子育て支援

　わが国の社会保障は、これまで高齢化対策として高齢者に多くの財源を投入してきたが、出生率の上昇を図りつつ、ワーク・ライフ・バランスを回復するなどの社会的要請もあって、子育て支援政策の拡充が重要であるとされてきた。近年では、貧困の世代間連鎖を断ち切るために、貧困家庭の子どもに対す

表5-2 子ども・子育て支援新制度（平成27年4月から実施）の主な内容

①認定こども園、幼稚園、保育所を通じた共通の給付（「施設型給付」）及び小規模保育等への給付（「地域型保育給付」）の創設
地域型保育給付は、都市部における待機児童解消とともに、子どもの数が減少傾向にある地域における保育機能の確保に対応
②認定こども園制度の改善（幼保連携型認定こども園の改善等）
幼保連携型認定こども園について、認可・指導監督の一本化、学校及び児童福祉施設としての法的位置づけ 　　認定こども園の財政措置を「施設型給付」に一本化
③地域の実情に応じた子ども・子育て支援（利用者支援、地域子育て支援拠点、放課後児童クラブなどの「地域子ども・子育て支援事業」）の充実
④市町村が実施主体
市町村は地域のニーズに基づき計画を策定、給付・事業を実施 　　国・都道府県は実施主体の市町村を重層的に支える
⑤社会全体による費用負担
消費税率の引き上げによる、国及び地方の恒久財源の確保を前提 　　（幼児教育・保育・子育て支援の質・量の拡充を図るためには、消費税率の引き上げにより確保する0.7兆円程度を含めて1兆円超程度の追加財源が必要）
⑥政府の推進体制
制度ごとにバラバラな政府の推進体制を整備（内閣府に子ども・子育て本部を設置）
⑦子ども・子育て会議の設置
国に有識者、地方公共団体、事業主代表・労働者代表、子育て当事者、子育て支援当事者等（子ども・子育て支援に関する事業に従事する者）が、子育て支援の政策プロセス等に参画・関与することができる仕組みとして、子ども・子育て会議を設置 　　市町村等の合議制機関（地方版子ども・子育て会議）の設置努力義務

備考）厚生労働省資料を基に作成

る教育や生活面での支援を行い、保護者の就労支援や経済的支援を通じて、子どもの貧困の解消を図ることが重要とされている。

　社会保障・税一体改革では、子ども・子育てに7,000億円の公費が投入される。その柱である子ども・子育て支援新制度では、保護者が子育てについての第一義的責任を有するという基本的認識の下に、幼児期の学校教育・保育、地域の子ども・子育て支援を総合的に推進することを基本方針としている。その主な内容は、**表5-2**に示したように、①認定こども園、幼稚園、保育所を通じた共通の給付（「施設型給付」）及び小規模保育等への給付（「地域型保育給付」）の創設、②認定こども園制度の改善（幼保連携型認定こども園の改善等）、③地域の実情に応じた子ども・子育て支援（利用者支援、地域子育て支援拠点、放課後児

童クラブなどの「地域子ども・子育て支援事業」）の充実などからなり、④市町村が実施主体であって、⑤社会全体による費用負担となっている。特に、財源面ではさらに追加が必要とされている。

　子ども・子育て支援新制度は、このように子育て支援のための現物サービスが中心である。現物給付の充実は生活の質を向上させるものとして重要であり、社会保障給付を充実させる段階では、現物給付が中心となる。

　一方、子どもに対する現金給付として児童手当がある（そのほか母子家庭・父子家庭等に支給されるものに児童扶養手当がある）。児童手当は、現行制度では所得制限が設けられており、高所得者の世帯には給付されない。その場合、その趣旨は、子育て世帯の所得格差の是正にある。その一方で、所得制限を設けない場合、子育て費用の社会的代替の意味を持つ。介護保険が、介護における家族機能の社会代替の手段として導入されたことに照らすと、児童手当には本来は所得制限がない方が望ましい。

10　社会保障に対する負担のあり方

　わが国の社会保障制度は、社会保険方式である年金や医療、介護などが中心であるので、高齢化の進展に伴って社会保険料負担が大きくなるのは避けがたい。その一方で、これまでみてきたように、社会保険方式であっても一定のルールに従って公費が投入されている。社会保険料と公費の負担割合は、原則5割ずつとして、社会保険料の負担軽減に公費を投入するなどの方式が多用されている。

　わが国の国民負担率は、昭和45年度の24.3％から平成26年度の41.6％まで大きく上昇しているが、その内訳でみると、租税負担率は18.9％から24.1％へ7ポイントの上昇であるのに対して、社会保障負担率は5.4％から17.5％と12ポイントも上昇している。図5-10で示したように、国際比較では、OECD加盟国33カ国のなかで27位と低い方であるが、社会保障負担率だけで比較すると中位程度である。わが国では、高齢化が急速に進んだことによって、社会保障負担が急激に上昇した。しかし、それだけではなく、増税に対する社会的抵抗が大きく、社会保障・税一体改革までは、大型増税の試みは十分な成果を上げることができない反面で、社会保険料だけは毎年度のように引き上げられてきた

図5-10 国民負担率の国際比較

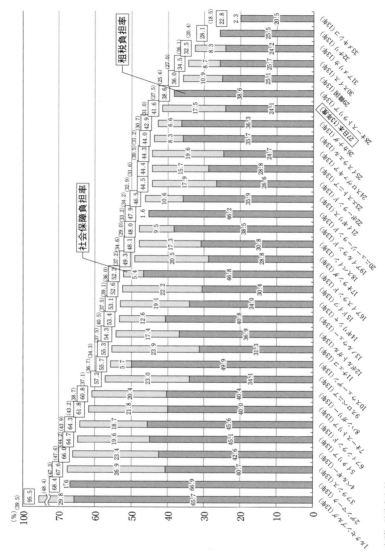

(出所) 財務省資料

図5-11 社会保障給付の受益と負担

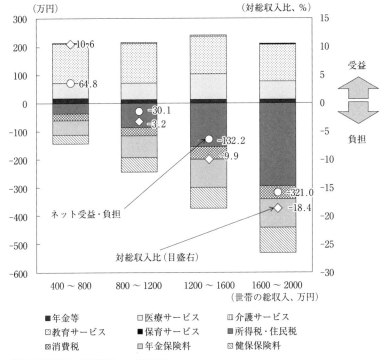

出所）内閣府による試算結果、一部簡略化

結果、国民負担率は社会保障負担を中心に上昇している。しかし、負担の逆進性ということを考えると社会保険料の引き上げには限界があり、今後は、租税負担率の上昇を図っていかなければならない。

図5-11は、内閣府による社会保障の受益と負担に関する試算結果の一部を示している。そこでは、所得水準が上昇するほど、社会保障の純受益（社会保障の受益－負担）はマイナスになっていることを示している。消費税の負担率が所得に対して逆進的であるにもかかわらず、消費税を社会保障の財源とすることの正当性は、消費税の逆進性を飲み込むほど、純受益額が所得に対して小さくなることによって示されている。

第5章 社会保障 127

基礎年金は、現在、保険料の2分の1に公費が投入されているが、それは保険料を引き下げるという意味で必要である。その一方で、全額を公費負担とすべきであるという意見がある。国民年金の保険料の徴収率は、公的年金に対する不信感もあって下がっている。給与所得者となって厚生年金に加入しない者の場合、高齢者になったときに、保険料を負担せずに年金の受給資格がなくなったとしても、生活保護で救済されるので、保険料を負担しないモラルハザードが生じるのではないかという見方がある。それを避けるために、全額国庫負担という選択肢がある。

　一方、生活保護は、単に収入がないだけでなく、資産がないことが受給の前提になるので、年金の受給資格がない者が自動的に受けられるわけではない。また、公的年金は権利として受給できるが、生活保護は申請主義であり、受給することへのスティグマ（汚名）を伴う。介護サービスは、介護保険の導入によって、保険料を負担する限り、権利として受給できるようになったことで、「福祉のお世話になる」という引け目を感じなくなったというメリットがある。そのような社会保険制度が持つ機能に着目すれば、基礎年金において保険料負担は必要である。保険料を負担することで権利として年金が受けられるからである。

第6章

財政投融資

1　財政投融資の仕組みとその機能

　税金を徴収して公共サービスを提供することが財政の本来的機能であるが、政府が利用できる資金や積極的に調達した資金を計画的に配分する金融的な手段で、同じような政策効果を発揮することができる。公共サービスは原則無償で受益できるが、資金の貸付や出資の場合には有償であって、金利を負担して返済したり配当を払ったりしなければならない。諸外国でも形態は違うものの同じような仕組みがあり、わが国では、そのような政策手段を財政投融資と呼んできた。

　財政投融資には、①**財政融資**、②**産業投資**、③**政府保証**の３つの手法がある。財政融資は、国債の一種である**財政投融資債**（財投債）と政府の特別会計から預託された積立金や余裕金などを原資に、**政府系金融機関**や地方公共団体、独立行政法人に対して、政策的に必要とされる分野に融資するものである。資金調達の方法は、次節で述べるように、平成13年度の財政投融資改革によって大きく変化した。

　国は金融市場で最大の信用を有している借り手であるので、銀行等の民間の金融機関が調達する場合よりも、通常、低い金利で、しかも超長期の資金が調達できる。したがって、財政融資では、超長期の固定金利で、しかも低金利での融資が可能である。また、財政融資資金の資金を受ける政府系金融機関等が、民間事業者等に貸付を行う場合に、調達金利が低い上に、当該機関に出資金などのかたちで税金を投入することによって、政府系金融機関の貸付金利を

政策的に引き下げることもできる。

　財政融資資金は、財政投融資特別会計の財政融資資金勘定において経理されるが、そこには一般会計からの繰り入れなどのかたちで税金等は投入されていない。そこで、財政融資は独立採算であると呼ばれる。それだけに、財政融資では、確実かつ有利な運用が求められる。

　次に産業投資は、国が保有するNTT株、JT株の配当金や㈱日本政策金融公庫の国庫納付金などを原資とする投資を指す。すなわち、産業投資は、融資ではなく投資（主として出資）であり、財政融資資金などの他者から借り入れたり預託を受けたりする資金ではなく、政府自身のいわば自己資金を原資にする。その投資対象は、研究開発・ベンチャー支援、レアメタル等の探鉱・開発などからなる。

　最後に政府保証は、政策金融機関・独立行政法人などが金融市場で資金調達する場合に、そうした機関等に政府が保証するものである。かつて、財政融資の原資が郵便貯金などの受動的な資金が中心であった場合には、原資不足等を理由に政府保証を補助的手段として用いることがあった。現在は、財投債で資金調達できるので、政府保証債は、抑制的・限定的に用いることとされ、次の4類型に照らして、個別に厳格な審査を行って、過渡的または限定的に認めるとされている（ALMについては次節）。

①民営化の方向性が示されている機関について市場からの資金調達を原則とする形態への円滑な移行を図るための措置としての政府保証債の発行
②政策金融機関におけるALMの観点からの政府保証債の発行
③外貨貸付に対する資金需要に対応するための政府保証外債の発行
④財政融資資金からの借入ができない仕組みとなっている機関における政府保証債の発行

　以上のような仕組みを示したものが**図6-1**である。平成28年度財政投融資計画では、財政融資は10.1兆円、財投機関に対して認めた政府保証債は3.1兆円、産業投資は0.3兆円である。そこでいう財政投融資を活用している財投機関は、3つの手法ごとに対象が異なる。財政融資については、財政融資資金法第10条で運用対象が限定列記されており、国の特別会計や地方公共団体、政府関係機関、独立行政法人・特殊法人など（特別の法律により設立された法人で民

図6-1 財政投融資の仕組み

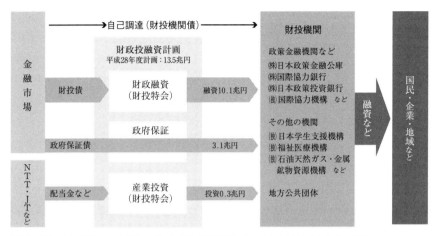

注）計数は、それぞれ四捨五入によっているので、端数において合計とは合致しないものがある。
出所）財務省『財政投融資レポート2016』、裏表紙

間からの出資を受けていないもの）に対象が限られる。具体的には図6-1に例示されている㈱日本政策金融公庫、㈱国際協力銀行などの政府系金融機関のほか、（独）日本学生支援機構、（独）福祉医療機構などからなる。

産業投資については、廃止された産業投資特別会計の設置当初からの目的である「産業の開発及び貿易の振興」に合致し、国からの出資・収益還元に必要な規定を備えている機関として、政府関係機関や独立行政法人などを対象にしている。また、政府保証の対象は、設立法において政府保証を受けることができる規定が設けられている政府関係機関や独立行政法人などに限定される。平成29年度財政投融資計画において、財投機関は特別会計2、政府関係機関4、独立行政法人等17、地方公共団体、特殊会社等10である。3つの手法ごとにみると、財政融資23、産業投資13、政府保証12である（複数の手法の対象となっている機関も多い）。

財政投融資計画は、これらの3つの手法について、統一的で一覧性をもったものとして全体像を示すものとして、法に基づいて策定されるものである。財政融資は期間5年以上のもの、産業投資は出資および期間5年以上の貸付け、政府保証は期間5年以上が、それぞれ財政投融資計画の対象となる。財政投融

資計画は、予算との関係が強いことから、財投機関を所管する府省から一般会計などの予算要求と同時に財政投融資についての要求が提出され、財務省理財局によって予算と並行して作成される。財政投融資計画は法に基づいて、通常国会において特別会計予算の添付資料として国会に提出される。また、財政融資は特別会計の予算総則で長期運用予定額について、産業投資は財政融資特別会計投資勘定の歳出予算額として、政府保証は一般会計の予算総則の債務保証契約の限度額のかたちで、それぞれ国の予算の一部に組み込まれている。国の予算が、国会で審議され議決を得ることで、財政投融資計画は国会の財政統制下にあることになる。

　財政投融資は金融的な手段であって、計画額が消化されない不用額が生じることもあるが、不用な資金は、金融市場などで運用される。また、弾力条項が設けられているのも特徴である。すなわち、財政融資資金の長期運用予定額や政府保証の限度額について、経済対策の実施などの必要に応じて、機動的かつ弾力的に対応できるように、予算総則において定める範囲内で、計画額を増額することができるようにされている。それによって、政策手段として機動性が確保されている。

2　財政投融資の分野と主要な財投機関

　表6-1は財政投融資の分野別の活用内容や、平成29年度の計画額の内訳を示したものである。計画額で比較して規模が大きいのは、中小零細企業と社会資本、および海外投融資であり、その3分野で全体の3分の2を超える。産業投資だけでみると、海外投融資、産業・イノベーションが大きく、政府保証は過半が社会資本である。なお、表6-1には含まれていないが、財政投融資計画では、地方債を購入するかたちで地方公共団体に融資をしている。その対象分野は「災害復旧や廃棄物処理など、政策的な重要性や国の責任の度合いが高い投資的な事業」である。県や政令指定都市は、発行規模が大きいことから、金融市場で公募地方債を発行しても調達金利は国債金利（＝財政融資資金の貸付金利）に比べてそれほど高くならないが、発行規模が小さい地方自治体では市場調達をすると金利が割高になることが多いので、「財政規模や資本市場へのアクセス可能性等の差により、地方公共団体の資金調達能力に差があるため、

表6-1 財政投融資の活用分野と平成29年度財政投融資計画の計画額

	上段：活用の目的・必要性など　下段：活用の具体例	上段：計画額　下段：構成比（%）			
		財政融資	産業投資	政府保証	合計
中小零細企業	信用力・担保力などの基盤が弱いことなどから、民間金融機関のみでは十分な資金供給を行えない中小企業・小規模事業者を支援	27,444	447	1,800	29,691
	（株）日本政策金融公庫において、中小企業・小規模事業者の資金繰り支援や創業・事業再生といった地域活性化に資する取組などを支援	25.3	11.8	4.6	19.6
農林水産業	自然条件などによるリスクが大きく、生産サイクルが長いといった特性があり、民間金融機関のみでは十分な資金供給を行えない	3,000	130	0	3,130
	（株）日本政策金融公庫において、地域の担い手となる農業者が取り組む経営規模の拡大や6次産業化などを支援	2.8	3.4	0.0	2.1
教育	学生に対する奨学金事業や、私立学校施設の耐震化整備など	9,325	0	61	9,386
	（独）日本学生支援機構において、進学意欲のある学生が経済的理由により進学などを断念することがないよう、貸与基準を満たす奨学金希望者全員に有利子奨学金を貸与	8.6	0.0	0.2	6.2
福祉・医療	少子高齢化への対応や医療体制の強化を図る	6,431	0	268	6,699
	（独）福祉医療機構において、福祉医療サービスの基盤強化の観点から、社会福祉法人や医療法人などに対して、児童福祉施設、老人福祉施設及び病院・診療所などの整備を推進するために必要な資金の貸付け	5.9	0.0	0.7	4.4
産業・イノベーション	産業の競争力強化や、産業の活性化に不可欠なイノベーションの創出に必要な事業資金	4,076	646	3,500	8,222
	（株）日本政策投資銀行において、企業の競争力強化や地域活性化の観点から、民間金融機関などの資金供給を促進しつつ、企業の成長に向けた積極的な取組を支援するため、資本性資金などの成長資金を供給	3.8	17.0	9.0	5.4
住宅	東日本大震災などの災害に対応するため、（独）住宅金融支援機構の災害復興住宅融資や（独）都市再生機構における災害公営住宅の整備といった災害復興の事業	5,311	0	96	5,407
	（独）都市再生機構の賃貸住宅事業においても、老朽化したUR団地の建替えや集約化	4.9	0.0	0.2	3.6
社会資本	空港、高速道路などの社会資本の整備における、大規模プロジェクト。	30,791	30	20,329	51,150
	（独）日本高速道路保有・債務返済機構において、高速道路の新設、改築などに係る債務の早期の確実な返済などの業務を行うことにより、高速道路事業の円滑な実施を支援	28.3	0.8	52.4	33.8
海外投融資	資源・エネルギーの安定的な確保や、インフラ分野をはじめとする日本企業の海外事業展開などを推進することによる日本の産業の国際競争力の維持・向上	9,237	2,539	12,774	24,550
	（株）国際協力銀行において、資源の安定確保・輸入コスト低減・供給源多角化などの取組並びに我が国企業の海外投資及びインフラ需要の旺盛な地域への海外展開支援などのため、出融資や保証	8.5	67.0	32.9	16.2
その他		13,048	0	0	13,048
		12.0	0.0	0.0	8.6
合計		108,662	3,792	38,828	151,282

備考）財務省『財政リポート2016』（14頁）および平成29年度財政投融資計画関係資料から作成

資金調達能力の低い地方公共団体についても、資金の安定的確保を図る」ことを財政投融資の役割としている。

活用の根拠は分野によって多様である。どの分野も、民間の資金供給では不十分あるいは高コストであるので、それを財政投融資で補うことを目的としている。経済政策上、その分野の投融資の伸長を図ることが重要であるとして、①政策的にその分野の整備を積極的に進める場合、②民間金融機関では貸付けに伴うリスクが大きいことから資金供給が不十分ないしは金利の上乗せがされるのでそれを避ける場合、③民間金融機関が調達の関係で低利の長期資金が十分に提供できない場合、などに区分できる。明確に区分することは難しいが、あえて言えば、①は教育、医療・福祉、産業イノベーション、住宅、②は中小零細企業、農林水産業、③は農林水産業（②の要素もある）、社会資本、海外投融資などが該当する。金融における市場の機能が万全であると考えれば、財政投融資は政府による過剰介入であって、市場の効率性を歪めるものという評価になるが、わが国の財政投融資が実態として大きな役割を果たしてきており、融資を受ける側の評価は一般的に高い。

表6-2は、平成29年度の財政投融資計画の概要である。この年度は、リニア中央新幹線全線開業前倒しを進めることとなり、鉄道建設・運輸施設整備支援機構の計画額が平成28年度の442億円から一気に1兆5,294億円に跳ね上がり、総額の対前年度の増額分の大部分を占めている。財政投融資の政策手段としての特徴として、政策課題に機動的に対応できることがある。鉄道建設・運輸施設整備支援機構は、JR東海が進めている品川・名古屋間の工事に対し、財投貸付を活用する。JR東海に対して財投と同条件で貸付けて、償還を受ける。財投資金の償還条件は、29年度から30年間は元本償還がなく、その後、10年間で元金均等償還を行う。

平成29年度で計画額が5,000億円超である財投機関は、表6-2では、地方公共団体を含めて8ある。そのうち、国際協力銀行、日本政策金融公庫、日本政策投資銀行は金融機関であり、それぞれ融資対象の棲み分けが行われている。国際協力機構は金融機関ではないが、有償資金協力として、円借款や海外投融資を行い、日本学生支援機構は、有利子奨学金の貸与事業を行っている。日本高速道路保有・債務返済機構は、高速道路会社が建設した道路等の資産を保有

表6-2 財政投融資計画の概要（平成28・29年度）

(単位：億円)

	28年度当初	29年度当初
1. リニア中央新幹線の全線開業前倒し等		15,294
鉄道建設・運輸施設整備支援機構	442	15,294
2. 国際展開戦略推進	19,880	24,440
国際協力銀行	13,000	16,660
国際協力機構	4,680	5,487
海外交通・都市開発事業支援機構	900	1,137
海外通信・放送・郵便事業支援機構	561	416
海外需要開拓支援機構	170	210
石油天然ガス・金属鉱物資源機構	569	530
3. 地域活性化支援	54,435	49,207
日本政策金融公庫	41,700	36,140
日本政策投資銀行	7,000	7,000
商工組合中央金庫	230	240
農林漁業成長産業化支援機構	50	130
4. 教育・福祉・医療	14,389	12,197
日本学生支援機構	7,944	7,003
福祉医療機構	4,674	3,531
5. 地方	33,935	34,730
地方公共団体	28,335	28,680
6. その他機関	11,730	15,414
日本高速道路保有・債務返済機構	9,560	13,850
財政投融資計画額	13兆4,811億円	15兆1,282億円

出所）財務省資料

し、高速道路会社に資産を貸付ける代わりに賃貸料の支払いを受けて、道路公団の民営化の時点で引き継いだ債務と高速道路会社方の新規引受け債務の償還を行っている。その際、有利子債務の返済を確実に行うために、政府保証債を発行して、債務償還資金の調達を行っている。

　財投機関のなかには、財政投融資計画額は小さいものの、自己資金等を多く持っており、事業規模自体は大きいところも多い。平成29年度では、エネルギー対策特別会計、住宅金融支援機構、商工組合中央金庫などがそれに該当する。

また、財政投融資計画の残高は、平成29年度末の見込みで、計画額がなく残高のみの機関等を含めた財投機関の合計で153.4兆円であるが、そのうち、5兆円超の機関では、地方公共団体が56.0兆円と突出して大きく、日本高速道路保有・債務返済機構が18.6兆円、日本政策金融公庫が16.0兆円、都市再生機構10.2兆円、日本政策投資銀行8.7兆円、国際協力銀行8.0兆円、日本学生支援機構6.1兆円である。一方、財投機関が政府保証なしに市場から資金を調達する財投機関債は、平成29年度は4.4兆円であるが、2分の1以上である2.3兆円を住宅金融支援機構が占めている。

3　財政投融資とその改革

　敗戦後、占領統治下において、GHQは、郵便貯金などの大蔵省預金部資金の運用先を原則として国債と地方債に限定するとしてきたが、占領政策の緩和が始まる時期の昭和26年に成立した資金運用部資金法では、国の資金を一元的に管理して、「国、地方公共団体又は特別の法律により設立された法人に対して確実かつ有利な運用となる融資を行うことにより、公共の利益の増進に寄与する」（第1条）ことを目的とした。昭和28年には財政投融資計画ができるなど、その時期に財政投融資の原形ができている。また、財政投融資機関が、その時期以降、相次いで発足している。先述のように、運用期間5年以上の長期運用について、特別会計予算総則に計上して国会の議決を経るようになったのは、昭和48年の資金運用部資金及び簡易生命保険の積立金の長期運用に対する特別措置に関する法律に基づいている。

　成長経済においては、民間企業の投資意欲が盛んである一方で、個人所得の水準が低いことから貯蓄額が十分になく、I-Sバランスでみて資金不足の状況になるが、所得水準が十分に上がって経済成長率が鈍化すると資金余剰の状態となる。日本経済の経済成長率が鈍化し、それに伴って資金不足経済から資金余剰経済に転じるのは、昭和50年代の後半である。

　資金不足経済においては、銀行に融資資金が不足しているので、民間の旺盛な投資意欲を満たすには、財政投融資計画による政策誘導はきわめて有効であった。財政投融資計画によって、産業分野別の資金配分を行うことで、経済分野別の設備投資等が達成できるので、計画的な経済運営ができた。財政投融資

は金融政策の手段であるが、感覚的には財政政策の予算配当に近いところがあった。

また、当時は低金利政策が実施されていたが、民間金融機関は歩積・両建預金が行われていたとされ、そのために実質的な金利水準は、表面金利以上であった。それに対して、財政融資資金ではそうしたこともなく、金利差は表面的な貸付金利の差以上にあり、それだけに財政融資資金は有利な資金であった。

そうした状況は、資金余剰経済に体質が変わると同時に進行した金融自由化によって、大きく変化する。昭和62年に資金運用部資金法が改正された。そこでは、郵便貯金等の預託利率について、法定制を改めて政令委任とすることで、市場金利の動きを弾力的に見直すことができるようにしたほか、資金運用部資金の運用対象として外国債を追加している。

規制金利時代には、公定歩合を基準として、それに一定のスプレッドを乗せることで、さまざまな種類の金利が決められており、長期金利は短期金利よりも必ず高い水準に設定された。その場合、短期で資金を調達して長期で運用すれば、一定の利ざやを稼ぐことができる。

ところが、金融の自由化が進むと、長短の金利関係は不安定となる。低金利の時期には、将来的に金利が上昇すると予想されるので、長期金利の短期金利に対するスプレッドは広がる（長期金利は予想短期金利を複利計算したものといえる）傾向があり、高金利の時期には、将来は金利が下がると予想されるので、長短金利のスプレッドは小さくなる傾向があり、極端な時期には、短期金利よりも長期金利の方が低くなる。すなわち、金融自由化が進むと、金利変動によって金融機関の収益が変動するリスクが高まるので、それを避けるような運用が求められる。そこで、アセット（資産）とライアビリティ（負債）の総合管理である ALM という手法が開発された。金融自由化へ対応するために、財政投融資における ALM は、民間金融機関に先立って導入され、その後も、次第に高度化が図られている。

資金調達手段が主に定期預金である場合、調達期間は長くても3年であるので、運用期間はそれほど長期にはできない。それに対して、当時は、郵便貯金や簡易保険、年金資金等の預託で調達したので、財政融資資金は長期で運用が可能であった。諸外国にもさまざまな形態の公的金融があるが、長期資金は公

図6-2 平成13年度の財政投融資改革

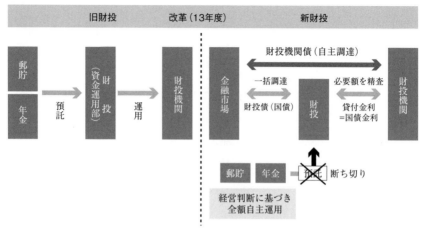

出所）財務省『財政投融資レポート2016』、9頁

的金融が得意とするのは、基本的に共通する構図である。

　財政投融資が民業圧迫と強い批判を受けるようになったのは、バブル崩壊後、経済対策のために財政投融資が多用されるようになった時期からである。財政投融資の計画額が膨らみ、それを利用した事業のなかに採算性がなく、将来、多額の財政負担をもたらすのではないかと懸念する声が上がった。また郵便貯金の残高が膨らんだことも経済界の批判を招くこととなった。郵便貯金が民間に比べて有利な商品で資金を吸い込み、それが財政投融資を通じて不採算な事業に投入されることで、国民のみえないところで、大きな財政負担をもたらしているという批判である。次節でも述べるように、それには大きな誤解が含まれていたのだが、財政投融資に限らず多くの分野で改革が進められるなかで、財政投融資は、平成13年度に抜本改革された。**図6-2**はその概要を示すものであり、具体的には次の6点が柱となった。

①郵便貯金・年金積立金の預託義務の廃止、市場における自主運用
②償還確実性の精査、民業補完を踏まえ、真に必要とされる額のみを財投債により調達
③貸付期間に応じ、国債の市場金利を基準にして貸付金利を設定
④政策コスト分析の導入・充実

⑤各財投機関は、財投機関債を発行
⑥情報開示の一層の徹底などによる特殊法人などの規律確保

　改革以前は、郵便貯金や公的年金積立金は、すべて資金運用部資金に預託され、それが財政投融資計画に運用されるかたちになっていた。それに対して、改革後は、預託義務を廃止して、郵便貯金と公的年金積立金は経営判断に基づき、市場において運用されることとなった。財政投融資計画のために、代わって金融市場から国債の一種である財投債で資金の所要額を一括調達することとし、財投機関に対しては必要額を、貸付期間に応じて、国債金利を基準とする貸付金利で財政融資を行う。一方、財投機関は、金融市場から財投機関債を通じても自ら資金を調達する。そして、財政投融資に伴う**政策コスト分析**を導入し、特殊法人などに対して情報開示を求めることとした。

　改革前は、郵便貯金と公的年金積立金に預託義務があったので、郵便貯金で吸収した資金が財政投融資計画の規模拡大に自動的につながるという誤解がされることが多かった。しかし、預託された資金は自己資金分も含めて、その一部が長期運用である財政投融資計画に組み込まれるが、その他の資金もすべて金融市場で運用されており、預託した資金が増えれば財政投融資計画を拡大せざるをえないというのは間違った認識であった。平成13年度の改革では、そうした誤解を払拭するためにも、預託義務を廃止して、財政投融資計画で必要な資金を財投債で積極的に調達するかたちに改められている。

　また、改革によって導入された財投機関債についても、財投機関が行っている事業の内容や収益性に応じて、調達金利に差が付くことで、市場の裁定によって財投機関の事業規模の適正規模が図られるという期待が、改革を求める声のなかにはあった。財投機関債を発行することで、特殊法人等の財投機関のディスクロージャーが進むという効用はあったが、財投機関債によって事業規模が左右されるようなことは起きていない。

　小泉内閣では、構造改革の一環として特殊法人改革が進められ、平成13年には特殊法人改革整理合理化計画が閣議決定された。また、それを受けて政策金融改革として、民営化や統合、廃止が検討され、平成19年に政策金融改革関連法が成立している。また、郵便貯金の民営化も並行して進められ、平成17年には郵政民営化法が成立している。その結果、財政投融資はその姿を大きく変え

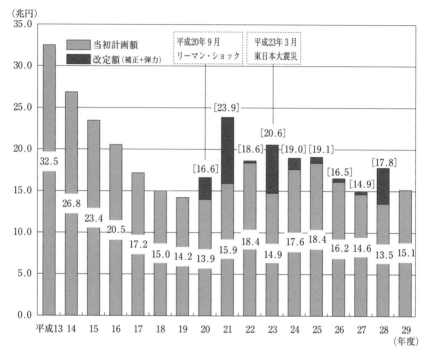

図6-3 財政投融資計画の推移（フロー）

注）当初計画ベース。平成20年度から平成28年度の［　］は補正・弾力による改定後
出所）財務省資料

ることとなった。

　図6-3は、平成13年度改革後の財政投融資計画額の推移を示している。平成13年度までは基本的に増加基調であったが、改革後は急激に計画額が圧縮されて、13年度の32.5兆円から、19年度には14.2兆円と半減以上になっている。その後、リーマン・ショックを受けた経済対策や東日本大震災の復旧・復興事業を受けて、経済対策等の影響で年度途中での改訂（補正分と弾力条項分）によって増えている年度もあるが、改革直前の規模には至っていない。預託金と財投債の残高でみても、平成12年度末は427.9兆円であったが、27年度末には132.8兆円と大きく減少しており、財投債の残高は、最大は19年度末の139.8兆円であり、27年度末では96.1兆円にとどまっている。

4 財政投融資の将来負担

　平成13年度の改革で導入された政策コスト分析は、それまでになかった画期的な内容である。貸借対照表などの財務書類は、基本的に当該年度のフローや、過去から当該年度までのストックについての情報開示であるが、政策コスト分析は、財政融資資金の償還が終わるまでなどの将来期間における見通しを基に算定する。

　政策コスト分析は、「財政投融資を活用する事業について、一定の前提条件（将来金利、事業規模、利用見込みなど）を設定して将来キャッシュフロー（資金収支）等を推計し、これに基づいて、事業の実施に関して①将来、国から支出されると見込まれる補助金等と、②将来、国に納付されると見込まれる国庫納付・法人税等、および③既に投入された出資金等による利払軽減効果（国にとっての機会費用）の額を、各財投機関が試算したもの」である（財務省『政策コスト分析の解説』1頁）。①と②は割引現在価値に換算して、国にとっての機会費用にあたる③を加えて算出する。

　融資期間終了まで、政策コスト分析の結果は、それだけの財政負担を、将来、財政投融資に係って支出しなければいけない額を意味するものではない。政府は財投機関等に出資をしており、その額は、政府の貸借対照表では資産の部に出資金として計上される。政策コストは、出資金の額が事実上毀損している部分にあたる。出資金は既に支出済みであって、出資金が政策コストを上回っている限り、財政投融資が、将来、さらなる財政負担を必要とすることはない。

　表6-3で示したように、平成28年度の政策コストの分析結果は、全機関の合計で2,364億円であって、出資金の額を大きく下回っている。また平成27年度は、折からの低金利で出資金の機会費用が小さくなったこともあって、政策コストはマイナス5,908億円であった。政策コスト分析は、財政投融資による融資が次年度以降行われず、それ以降は、融資期間終了まで金融機関であれば貸付金の回収、事業実施機関であれば事業収入を上げるとした場合を想定して算出している。表6-3で平成28年度の算出結果で、5.4兆円の国庫納付と3.6兆円の剰余金の増額を見込んでいるのは、調達が低金利になることで、財投機

表6-3 財政投融資の政策コスト分析の結果

(単位:億円)

区　　　分		28年度(A)	27年度(B)	増減額(A)-(B)
政策コスト　(計)		2,364	△5,908	+8,272
① 分析期首までに投入された出資金等の機会費用分		83,572	75,413	+8,159
② 分析期間中に新たに見込まれる政策コスト		△81,208	△81,321	+114
	イ．国からの補助金等	6,972	7,351	△379
	ロ．国への納付金等	△54,126	△55,471	+1,344
	ハ．剰余金等の増減に伴う政策コスト	△35,663	△34,660	△1,003
	ニ．出資金等の機会費用分	1,609	1,459	+151

出所）財務省『平成28年度政策コスト分析について』

関の財務状況が好転していることを意味する。なかでも都市再生事業や賃貸住宅事業などを展開する都市再生機構では、政策コストは平成28年度でマイナス3兆円程度もある。このように、財政投融資改革の契機は、国民のみえないところで、財政投融資が将来の財政負担を生むという懸念であったが、財政投融資改革の結果として導入された政策コスト分析の結果をみれば杞憂であったといえる。

　政策コスト分析は、将来の金利や事業収入の見込みに基づいて算出しているので、前提条件が変われば結果が変わる。そこで金利の上昇や、事業実施機関であれば事業収入、金融機関であれば貸倒償却額の増加を想定した感応度分析を行っている。

　政策コスト分析は、アメリカの公的金融である連邦信用プログラムにおいて開発された手法をわが国において応用したものである。連邦信用プログラムでは、平成13年度改革前のわが国のように郵便貯金等の融資の原資がないこともあって、大半が政府保証のかたちをとっていた。その場合、政府保証に伴う財政負担がどの程度であるかを事前に見積もることが重要である。それに対して、わが国の場合には、財政融資が中心であって、しかも融資の対象は政府関係機関であって、その設立時以降、政府は多くの出資金を交付してきた。その結果、たとえば日本政策金融公庫（国民一般向け業務）であれば、政策コストは

721億円であるのに対して出資金は1.0兆円程度、国際協力銀行（一般業務勘定）は政策コストが894億円に対して出資金は1.4兆円程度、日本政策投資銀行は政策コストがマイナス2,712億円であって出資金は1兆円程度（数値はいずれも28年度または28年度末見込み）である。すなわち、財政投融資は、大半の財投機関において、先に出資金というかたちで財政負担を行って、その一部を毀損するかたちで多くの事業を行うものであって、将来、多くの追加の財政負担をもたらすものではない。

　財政投融資は、民間の経済活動を直接支援または一部代替する手法であって、広い意味で開発行政の一手段である。融資の場合には資金回収ができなくなるなどで、事業実施の場合には事業収入が上がらない、あるいは物件等が予定価格で売却できないなどで、財政負担を伴うことがある。その意味で、一種のリスクを伴う。政府が行う事業である以上、リスクが現実のものとなると国民負担が必要となるので、それは最大限回避しなければならない。その反面で、リスクを恐れるあまり、開発事業を必要以上に抑制することも、国民経済の健全な成長という意味では問題がある。

　そこで、重要となることは、十分な情報開示である。それと同時に、リスクを伴うことについて、議会が議決等を通じて承認することが重要である。承認は事前である方が望ましく、財政投融資では政府予算に盛り込まれた政府出資金のかたちでそれがなされている。財政投融資では、平成13年度改革で導入された政策コスト分析を通じて、情報開示において大きな進歩を遂げた。財政投融資は、もっと評価されてよい政策手段である。

第7章

財政赤字

1 財政赤字の現状とその問題点

　わが国の財政には巨額の財政赤字があることで知られている。かつて、わが国が高度経済成長時代であったときには、財政収支の均衡は難しくなかった。その当時、法人税と並んで、基幹税は所得税であったが、超過累進税率の構造をもつ所得税では、名目経済成長率がプラスであれば、税収入は名目経済成長率以上の増加率となる。すなわち、名目GDPが高い率で成長し、その上に税収弾性値が1を大きく超えていた。そこで、物価上昇と経済成長が続くと、税制がそのままでは、財政収支が黒字になりすぎるので、定期的に所得税の物価調整減税を行って財政収支の均衡を図っておけばよかった。

　このような状況は、昭和30年代から40年代前半までは続いたものの、昭和48年の第1次石油危機の後に経済不況が訪れ、昭和50年代に入ると経済成長率が鈍化し、大幅な税収不足から歳入不足が続くこととなった。昭和から平成にかけての時期にバブル経済が訪れ、その時期には歳入不足は消えたものの、その後は歳入不足の構造が続いている。景気動向の好転が続くときには歳入不足は縮小するものの、景気の後退局面では再び拡大することが繰り返されている。

　図7－1は、財政収支のGDP比の推移を国際比較したものである。2000年代に入った頃は、ヨーロッパ諸国は比較的堅調であったが、わが国はアメリカとともに、赤字比率が大きい。その後、回復するものの、平成20年のリーマン・ショックによって暗転している。その時期には、各国とも財政赤字が拡大している。リーマン・ショック後の回復は、ヨーロッパ諸国は早く、わが国は

図7-1 財政収支の国際比較（GDP比）

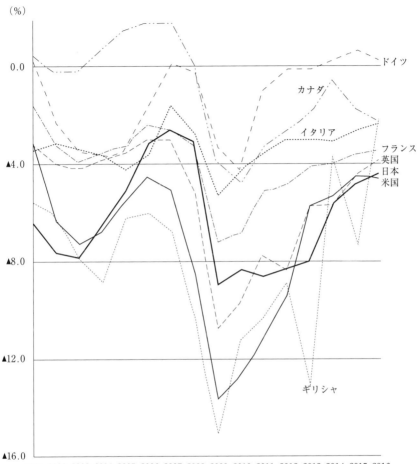

出典）OECD "Economic Outlook 99"（2016年6月）
注
1）数値は一般政府（中央政府、地方政府、社会保障基金を合わせたもの）ベース。ただし、日本及び米国は社会保障基金を除いた値。
2）日本については、単年度限りの特殊要因を除いた値。
3）日本及びドイツは2015年以降、それ以外の国々は2016年が推計値。
出所）財務省『日本の財政関係資料』（平成28年10月）

第7章 財政赤字

図 7 - 2　債務残高の国際比較（GDP 比）

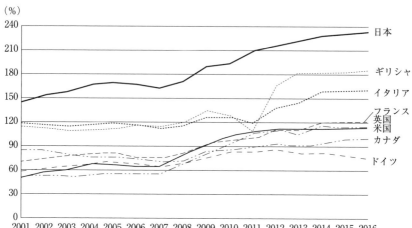

出所）財務省『日本の財政関係資料』（平成 28 年 10 月）

取り残されたかたちになっているが、消費税率の引き上げが実現したことで、平成26年頃から赤字幅が減少している。一方、ヨーロッパ諸国では、ギリシャの破たんが契機となって生じた欧州金融危機の影響から、ドイツだけが黒字を続けているのに対し、それ以外の国は赤字の状態となっており、赤字の対GDP 比率は、平成28年にはアメリカも含めてほぼ同じ水準となっている。このようなフローの赤字に対して、債務残高の対 GDP 比率は、**図 7 - 2** で示したように、わが国の水準はどの国よりも高く、毎年度上昇しており、平成28年には240％に近づいている。

ところで、政府の債務にはさまざまな種類がある。**図 7 - 3** は、代表的な3つの区分を示している。そのうち、①国と地方の長期債務残高は、利払・償還財源が主として税財源により賄われる国・地方の長期債務を集計したものであり、平成28年度末で1,070兆円、翌年度借換のための前倒債限度額（56兆円）を除くと1,014兆円と見込まれている。平成28年度末見込額で、普通国債の残高837兆8,406億円の大半は、次節で述べる建設国債274兆8,583億円と特例国債（いわゆる赤字国債）528兆6,772億円であるが、それ以外に減税特例国債（5,809億円）、日本国有鉄道清算事業団承継債務借換国債（17兆6,790億円）、国有林野

図7-3 国の一般会計における歳出・歳入の状況

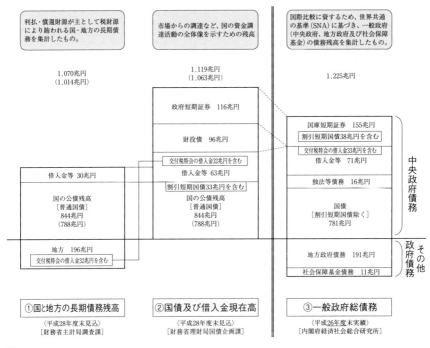

注
1)「交付税特会」とは,「交付税及び譲与税配付金特別会計」を指す。
2)( )内は,翌年度借換のための前倒債限度額(56兆円)を除いた額。
3) 平成28年度末の国の公債残高[普通国債]は,復興債(約8.1兆円)を含む額。
4) ①の地方の長期債務残高には,地方債,交付税特会借入金,地方公営企業債(普通会計負担分)(20兆円)が含まれる。
5) ①及び②の借入金等=借入金+出資国債等。なお,①の借入金等は,地方の負担で償還される交付税特会借入金残高(32兆円程度)を除いた値。
6) ③の国債は普通国債,交付国債及び承継国債,③の借入金等は出資国債等を含む。
出所)財務省『日本の財政関係資料』(平成28年10月)

事業承継債務借換国債(2兆188億円)、交付税及び譲与税配付金承継債務借換国債(2兆103億円)、復興債(7兆6,337億円)、年金特例国債(4兆3,824億円)が含まれる。

それに対して、②国債及び借入金現在高は、市場からの調達など、国の資金調達活動の全体像を示すための残高であって、国の財政当局が市場で調達すべき資金を捕捉したものである。平成28年度末には1,119兆円と見込まれている。

そこには政府短期証券や財投債が含まれる。交付税特別会計の借入金は、地方交付税を配分するうえで、地方交付税の原資不足を借入金で補うために国の特別会計で調達したものであり、①では地方の債務に区分されているが、②では国の特別会計が市場から調達する資金として含まれている。

また、③一般政府総債務は、国際比較に資するため、GDP等の国民経済計算の世界共通の基準（SNA）に基づき、一般政府（中央政府、地方政府及び社会保障基金）の債務残高を集計したものであり、平成26年度末実績で1,225兆円であり、独立行政法人等や社会保障基金の借入金が含まれるのが特徴である。
国税・地方税等を原資に償還する債務という意味では、①国と地方の長期債務残高が最も重要である。①は平成10年度には553兆円、GDP比で108％であったが、平成28年度末の見込額では、残高、GDP比ともに倍増している。

国の債務が増加することによって、どのような悪い影響があるといえるのか。収支が不均衡であることが、財政の持続可能性がないことにつながってしまうのが、最大の懸念事項である。国際的な金融市場が、どこかの国の財政の持続可能性を疑うようになると、国債が売られて、金利が上がり、経済が混乱に陥ってさらに財政状況が悪化するという事態に陥る。もっとも、わが国では、国債の保有の割合でみると、平成28年9月末で日本銀行が36.7％、銀行等が24.7％、生損保等が21.6％、公的年金5.3％と、いずれも国民の貯蓄に支えられて国内で保有されており、海外分は5.7％にとどまっている。そのために、政府の債務は、一方で国民の資産となっている。楽観視は禁物としても、直ちに国債が暴落する状況にはない。しかし、金融市場はときにリスクを先読みして動くことが多く、そのことが真正のリスクとなってしまう悲劇も起きうる。したがって、市場の信認を失わないような、財政・金融政策の運営が必要である。

また、財政は経済が支えているという視点が重要である。経済が成長経路にあるときには、財政は基本的に問題にならない。経済が停滞すると、財政不安が頭をもたげる。目先の財政収支の健全化にこだわりすぎて、経済停滞を生むような増税等を強行すると、財政健全化がかえって遠のくことにも注意しなければならない。その反面で、財政赤字が金利の高騰を生むようなことがあれば、財政が経済の足を引っ張ることになる。

2　わが国における財政再建の試み

　わが国は、敗戦後に猛烈なインフレに見舞われたこともあって、国債発行を極力抑制することを基本的な姿勢として、高度経済成長時代を経て昭和40年代までは、基本的には健全な財政運営に努めてきた。その時代は、基本的にインフレ基調であったので、所得税を中心に税収が大きく伸長し、物価調整のための減税が行われてきた。つまり、財政収支の均衡にほとんど苦労することがなかった。そうした状況が一変するのは、昭和48年の第1次石油危機と、その後の景気後退によってである。

　昭和50年度の補正予算で、財源不足から財政法が禁止している赤字国債（次節参照）の発行に踏み切った後は、その早期脱却を図ることが財政再建の目標となった。第1次石油危機の後の経済対策が一段落した昭和55年度を財政再建元年として、赤字国債の償還期間がその当時は10年であったことから、赤字国債発行開始から10年後にあたる昭和59年度に赤字国債依存から脱却することを目標に掲げた。

　そのために、昭和54年には**一般消費税（仮称）**の導入が検討されたが、国民からの反対論は大きく、政府は断念に追い込まれ、代わって昭和56年に第2次臨時行政調査会が発足し、増税なき財政再建として、予算要求の段階で一律ゼロシーリングを設定するなどによる歳出の見直しによって、財政収支の均衡を図る方向に転じた。しかし、昭和59年度の赤字国債脱却は達成できず、5年後に目標を再設定するとともに、シーリングをマイナスに設定するなどさらに歳出削減に努めた。

　日本経済は、昭和55年の円高不況の後にバブル経済に突入し、税収が伸長したことから、赤字国債の発行停止の目標は達成することができた。ところが、バブルが崩壊し、後に失われた10年と呼ばれる長期不況に突入した結果として、財政収支は再び大きく悪化し、再び大きな財政赤字を抱えることとなった。その結果、国債残高は大きく増えることとなった。

　図7-4は国債の発行額の推移等を示したものである。赤字国債（図では特例国債と表記）の発行額は、第1次石油危機の後、平成8年度頃からのバブル崩壊後、および平成20年のリーマン・ショック後に大きく上昇している。その一

図7-4　国の一般会計における歳出・歳入の状況

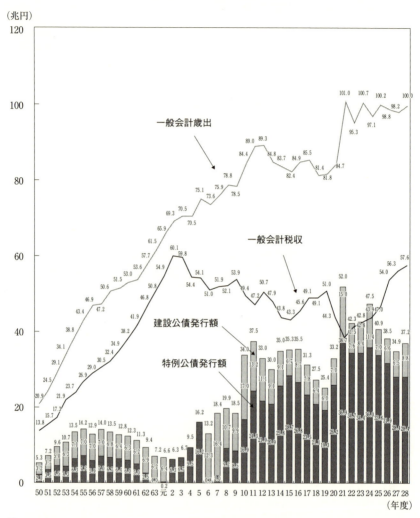

注
1）平成27年度までは決算、平成28年度は第2次補正後予算による。
2）公債発行額は、平成2年度は湾岸地域における平和回復活動を支援する財源を調達するための臨時特別公債、平成6〜8年度は消費税率3％から5％への引上げに先行して行った減税による租税収入の減少を補うための減税特例公債、平成23年度は東日本大震災からの復興のために実施する施策の財源を調達するための復興債、平成24年度及び25年度は基礎年金国庫負担2分の1を実現する財源を調達するための年金特例公債を除いている。
出所）財務省『日本の財政関係資料』（平成28年10月）

方で、税収入は、バブル崩壊後、20年近くも長期停滞を続けることとなっている。図7-5はその結果としての国債残高の伸びを示している。

バブル崩壊後の経済対策が一段落すると財政構造改革として財政再建が試みられ、平成9年度は財政構造改革元年と位置付けられた。そこでは、法律によって、財政赤字のGDP比率を3％以内とする（EUで1993年に発効したマーストリヒト条約で定めたEUの財政健全化の目標と同じ）目標を定めるとともに、社会保障など歳出の分野ごとに、改革の基本方針や量的縮減目標や政府が講ずべき制度改革等を定めた。

ところが、平成9年秋には金融機関の相次ぐ破たんなどで金融不安が発生し、経済情勢は急速に悪化した。そこで、平成10年度予算こそ財政構造改革法の方針に基づいて編成されたが、10年4月には、大型の経済対策が策定されるなど、歳出拡大による財政政策に方針が転換され、財政構造改革法も凍結されることとなった。

平成13年に発足した小泉内閣は、構造改革路線を掲げて、不良債権問題の解消と金融システムの再生、道路公団改革、三位一体改革、郵政民営化など諸改革、さまざまな改革に取り組んだ。退任直後の平成16年7月に、歳出・歳入一体改革として、「名目経済成長率3％程度の安定的な経済成長を維持しつつ、国・地方の債務残高のGDP比率を引き下げるよう歳出の圧縮に努め、平成23年度には国・地方の基礎的財政収支を確実に黒字化する」という方針を定めている。そこでは、増税については、否定はされていないが、国・地方を通じて歳出削減を徹底した上で、必要と判断される額について実施するとしている。

しかしながら、5年半にわたる小泉内閣の後半に長く続いた景気拡大局面は、政権交代と同時期に後退局面に入った。さらに平成20年のリーマン・ショックで経済情勢は再び暗転し、その結果、経済対策のための歳出増を積極的に図ることとなった。その結果、財政収支は大きく悪化した。

そうした状況を受けて、平成22年には、民主党政権下で、財政運営戦略として、国・地方を通じた基礎的財政収支の赤字を、翌23年度から10年間で黒字化する目標が定められた。その制定時には明確ではなかったが、その後、消費税率を5％から10％に引き上げる税制抜本改革法が成立した。同法は、増税とともに社会保障改革を行うこととされ、消費税収はその全額を社会保障財源とす

図 7-5　国債残高の推移

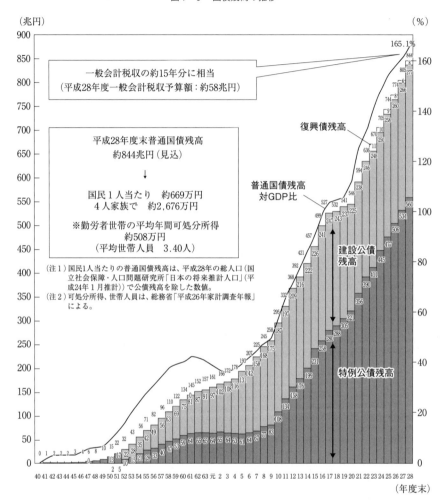

注
1）公債残高は各年度の3月末現在額。ただし、平成28年度末は第2次補正後予算に基づく見込み。
2）特例公債残高は、国鉄長期債務、国有林野累積債務等の一般会計承継による借換国債、臨時特別公債、減税特例公債及び年金特例公債を含む。
3）東日本大震災からの復興のために実施する施策に必要な財源として発行される復興債（平成23年度は一般会計において、平成24年度以降は東日本大震災復興特別会計において負担）を公債残高に含めている（平成23年度末：10.7兆円、平成24年度末：10.3兆円、平成25年度末：9.0兆円、平成26年度末：8.3兆円、平成27年度末：5.9兆円、平成28年度末：8.1兆円）。
4）平成28年度末の翌年度借換のための前倒債限度額を除いた見込額は788兆円程度。
出所）財務省『日本の財政関係資料』（平成28年10月）

る（地方消費税の税率引き上げ分も含む）こととされた。

　以上のような財政再建の歩みは、挫折の連続であった。増税による財政再建は、昭和54年の一般消費税（仮称）の導入の失敗によって、一種のタブーのようになった。歳出見直しによる財政再建は、何度も続けられ、現在もそれは続いているが、それだけではとても収支均衡を実現することはできない。税制抜本改革は社会保障財源の確保のための増税とすることで、ようやく国民の理解を得られて実施された。その結果、財政収支はなお赤字であるものの赤字幅の縮小に貢献した。歳出を抑制基調にすると、経済成長が図られれば税収が伸長して、財政赤字は縮小する。財政収支は景気次第ということになる。増税を通じて無理に財政再建をすることが経済活動の停滞を生んでしまえば、必ずしも財政再建には貢献しない。そこに財政政策の難しさがある。

3　国債発行と償還の仕組み

　わが国の財政運営の枠組みを定めた財政法（昭和22年）は、第4条で、国債発行について次のように定めている。

　第4条　国の歳出は、公債又は借入金以外の歳入を以て、その財源としなければならない。但し、公共事業費、出資金及び貸付金の財源については、国会の議決を経た金額の範囲内で、公債を発行し又は借入金をなすことができる。

　2　前項但書の規定により公債を発行し又は借入金をなす場合においては、その償還の計画を国会に提出しなければならない。

　3　第一項に規定する公共事業費の範囲については、毎会計年度、国会の議決を経なければならない。

　この考え方は、原則として非募債主義に拠っているが、投資的経費等に対する財源調達手段としての借入は認めるという意味で、いわゆる**建設公債主義**と呼ばれる。同条に基づき発行される国債を建設国債または四条国債という。国の予算のなかで、どこまでが財政法第4条の但し書きに該当する経費であるかを明らかにするために、予算総則のなかで該当経費を列挙している。

　経費のうち、経常経費ではなく投資的経費等だけを借入の対象にする理由は、1年で費消される経常経費に対して、何らかの資産を形成する投資的経費

等については、支出した年度の税金で費用のすべてを賄う必要がないことによる。取得した資産の耐用年数に応じて借入の償還を行っていけば、世代間の公平にかなうとされる。たとえば、取得資産が橋りょうであって、その耐用年数が50年だとすると、建設した年度の税収入で費用を払ってしまえば、建設した次の年度からは費用なしに受益ができるので、得をする世代と損をする世代が生じることになる。そこで、橋りょうの建設費用を償還期間が50年の公債で賄えば、税金で公債費を賄うことで受益と負担のタイミングが一致することとなる。

一方、建設公債主義の意味を会計学的に考えてみると、それは健全財政の原則であるともいえる。経常的な経費の財源に公債を充てたとすると、年度末の貸借対照表は、負債はあっても資産は残らないので債務超過となる。一方、投資的経費等に充てると、資産と負債の両方が残る。仮に、負債の償還期間が資産の耐用年数よりも早いと、資産が負債よりも大きく、純資産がプラスの資産超過となる。純資産がプラスであるとは、すなわち、財政構造は健全であるということになる。

それに対して、経常経費の財源として公債を充てると、単に負担の先送りとなって、世代間の公平を損なうこととなる。経常経費の財源となる公債を、その意味から**赤字公債**と呼ぶ。景気循環によって、不況期に生じた税収の落ち込みを赤字公債で賄っておいて、好景気時の税収の上振れ分で償還することができれば世代間の不公平は回避できるが、そのようなことは現実には簡単ではない。

先述のように、わが国では赤字国債が累増している。赤字国債は財政法第4条の規定に反するので、発行にあたって特別な法律を設けている。その法律では、発行限度額を「予算をもって国会の議決を経た金額の範囲内」と定めている。特別な法律に基づいて特例として発行することから、**特例国債**と呼ばれることもある。かつては、毎年の予算に対応して、年度ごとに特別法を設け、その議決を国会で得ていたが、現在は、財政運営に必要な財源の確保を図るための公債の発行の特例に関する法律として、政府として設けている財政再建計画を踏まえた期間と方針等に基づいて、複数年度にわたって赤字国債の発行を認める内容になっている。

なお、赤字国債の発行額を極力小さくするために、赤字国債は、税収の収納期限である翌年の5月末の税収実績を勘案して発行額を調整できるように、発行期限を6月末まで認めている（出納整理期間発行の制限）。その時期に発行された赤字国債による収入は、赤字国債の発行に関する特例法に基づいて、発行時の前年度の収入にすることが定められている。

　わが国は、建設国債は60年間償還であり、赤字国債についても現在は同様である。その一方で、国債は、かつては10年の期末一括償還がほとんどであったが、現在では最長で40年とするなど、発行期間や償還のルールも多様である。いずれにしても、複数回、借り換えることが前提となっている。総計予算主義に基づき、借換債を、一般会計の歳入として計上すると、同じ償還期間であっても発行期間を短くして借換えの回数を増やすほど、歳入と歳出の両方で規模が大きくなる。

　そこで、国債の償還では、借換え等に対応して国債整理基金特別会計を設けている。その設置の目的は、一般会計または特別会計からの繰入資金等を財源として公債、借入金等の償還および利子等の支払いを行う経理を一般会計と区分することにある。国債整理基金特別会計を中心とする減債の仕組みを図7－6に示した。

　国債整理基金特別会計の歳入としては、一般会計からの繰入分としての、定率繰入、減税特例国債に係る特例繰入、剰余金繰入、予算繰入を行っている。このうち、**定率繰入**とは、60年償却の考え方に沿って、前年度期首における国債総額（額面金額による残高ベース）の100分の1.6に相当する金額を繰り入れるものである。減税特例国債は償還期間が20年とされているので、繰入額の計算も前倒しにされている。剰余金繰入は、一般会計で決算上の剰余金が発生した場合に、その2分の1を下らない金額を発生した年度の翌々年度までに国債整理基金特別会計に繰り入れることで、剰余金を国債の減額に優先的に充てるための規定が設けられている。また、国債整理基金特別会計に所属する株式に係る売却収入等、同特別会計で保有する金融資産の運用収入、たばこ特別税も、国債整理基金特別会計の歳入となる。国債整理基金特別会計では、このような歳入を財源として国債の償還を行いながら、借換債を発行して市場に引き受けてもらい、国債の償還を進めている。

図7-6 減債制度の仕組み

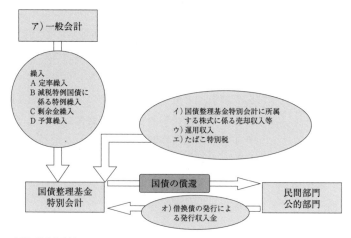

出所）財務省資料
備考）一般会計の負担に属する公債等の減債制度。国債整理基金特別会計に所属する東京地下鉄株式に係る売却収入等は、復興債の償還財源に充てられる。

　その一方で、定率繰入は不要という考え方もある。かつて、建設国債しか発行していなかった時代には、国債の償還財源はあくまで税金でなければならなかった。期末一括償還を原則とする国債の場合には、償還時に多くの財源が必要となるので、それを償還年度に先立って、毎年度少しずつ前倒し支出して、国債整理基金特別会計にプールすることは合理的な仕組みであった。ところが、現在は、一般会計の財源不足に対して大量の赤字国債を発行している。国債整理基金特別会計への定率繰入分も一般会計の財源不足の一要素である。したがって、当該年度の国債の償還に必要な額を超える定率繰入のための赤字国債の発行は、そもそも不要であるともいえる。赤字国債の発行が常態化したなかで、国債の残高をコントロールするという観点に立てば、国債償還の仕組みのあり方も変わりうる。
　また、60年償還ルールのなかで、借換債の発行を行うに際して重要となるのが国債管理政策である。財政負担の軽減を図りながら、国債の発行や、市中消化、流通および償還が無理なく行われるように配慮するものである。たとえば、国債の発行期間の年限構成を、投資家の志向に合わせることで、国債消化

が円滑にまた結果的に低金利で実現することとなる。

4 公債の経済理論

　18世紀の古典派経済学は、政府が借入を行うことに対して否定的な考え方であった。政府支出は民間部門の支出に比べて非効率な資源配分であることから、貯蓄資金を政府が吸い上げることが、資源配分を効率的な部門から非効率的な部門に移すことで、経済に対してマイナスの影響を与えると考えたからである。それに対して、19世紀のドイツ財政学は、先述の建設公債主義の考え方に基づいて、投資的経費の財源としての公債を是認した。わが国の財政法の考え方は、この2つの考え方を採り入れたかたちになっている。

　それに対して、20世紀のケインズ経済学では、総需要管理政策というマクロ経済学における動態的な側面が採り入れられ、経済政策の手段としての公債発行の有効性に注目している。そこでは、不況期には公債を発行して財政赤字を発生させても経済の需要不足を解消することが望ましく、好況時に拡大する税収によって政府の負債を償還し、中長期の景気循環のなかで財政支出を均衡させる考え方が示されている。

　このような考え方に対して疑問を投げかけたのが、公共選択論の論者であった。政治的な意思決定が、代議制の下での政治家の得票最大化行動と、官僚制の下での利益最大化行動、社会における利益団体の利益最大化行動などによっての影響を受けることを想定すると、現実の政治選択の結果は、国民の利益を最大化するとは限らない。ケインズ政策において、不況期に公債によって資金を調達して需要を創出することは歓迎されるとしても、景気が回復して償還する際に、税の増収によって赤字を解消することは、政治的には不人気な政策となる。すなわち、民主主義の政治過程では、不人気な政策は選択されず、結果的に景気循環のなかで財政赤字は解消されずに累増するというのである。

　ケインズの理論では、経済政策に関する意思決定を少数の賢人が合理的に下すという「ハーヴェイロードの前提」（ケインズの生家にちなんで名付けられた）に立つが、それが成り立たないと批判するのが公共選択論である。公共選択論では、このように、政治過程の歪みによって望ましくない結果をもたらすことを政治の失敗と呼んでいる。

第7章　財政赤字

そこで、政府が経済情勢に応じて機動的に財政政策をする裁量権を与えるのではなく、法律に基づくルール等によって、政府の政策に枠をはめることが望ましいという考え方がある。多くの国が、財政収支を均衡させる義務付けを政府に行う法制度を持っている。そのような裁量ではなくルールによって経済政策を行うという考え方も、市場の調整機能に強い信頼を置く新古典派経済学の支持者のなかでは有力である。

　公債発行がどのような経済効果を持つかについては、これまでさまざまな議論が展開されてきた。古典派やドイツ財政学は、公債発行は将来世代への負担転嫁とみなすが、ケインズ派のなかには、内国債である限り、公債が償還される時点において公債を所有していない者からしている者へ資源が移転するのであって、将来世代への負担転嫁はないという見方もある。それに対して、公債発行によって貯蓄資金が政府によって吸い上げられることで、民間の資本蓄積が妨げられ、それが経済成長に影響を与えることで将来の財政負担を生じさせ、クラウディング・アウトを引き起こすという見方もある。

　一方、財政支出のための財源調達は、公債によっても租税によっても、経済効果としては同じであるという見方もある。伝統的に古典派経済学のリカードによる**等価定理**であり、現代ではバローによる**中立命題**と呼ばれている。等価定理では、公債発行が行われると、納税者がその公債の償還のために増税が行われることを予想してあらかじめ貯蓄するとすれば、公債によらずに現時点で課税によることと同じとされる。中立命題では、遺産を通じた世代間移転を想定した経済モデルのなかで、公債の償還を読み込んで納税者が行動すると、公債発行に伴う財政政策の効果がなくなることを示している。景気刺激策などのマクロ経済政策の効果が小さいときには、中立命題で想定されているメカニズムが現実に働いている可能性がある。わが国の経済においても、財政赤字の大きさが国民に十分浸透したことで、将来の大型増税が予想されるために、消費活動を抑制させ、経済成長の妨げになっていることは十分に考えられる。

　また、いわゆる**リフレ派**の考え方に拠れば、デフレ経済下では増税による財政再建を行えばかえって不況を加速することになり、中央銀行は物価上昇のインフレターゲットを設けて、実質金利をマイナスにするなどの政策が有効であるとされている。それに対して、有効需要の創出なしに貨幣量の増加だけで

は、通貨の流通量の増加にはつながらず、デフレから脱却できないという批判も根強い。

国家財政の再建では、短期的に財政収支の均衡を図ることよりも、経済活動が持続的な拡大を図る方が有効であるという視点が重要である。政府の債務償還能力は、税制というよりもGDPそのものによって左右されるからであり、経済活動を萎縮させるような無理な増税は禁物である。現代のグローバル化した経済では、経済政策の効果は輸出入等を通じて海外に経済効果が及ぶことで減殺され、その一方で、国際的な経済ショックのリスクが、各国の経済を直撃する。経済政策における国際協調の必要性が指摘されているのはそのためである。

5　日本財政の持続可能性

財政赤字が累増することの問題は、財政の持続可能性に対する市場の信認が損なわれて、国債が市場で暴落して金利が高騰し、そのことが経済活動に深刻な影響を与えることである。その一方で、わが国の国債市場はむしろ安定的であって、日本国債に対するリスクはそれほど大きいとはされていない。既に述べたように、国債残高の3分の1以上を日本銀行が保有しているなかでもインフレ基調にはなっておらず、財政危機を必要以上に意識すべきではないという見方も根強い。

平成22年に策定された財政運営戦略以来、わが国は、国・地方を通じて基礎的財政収支の黒字化を財政再建の長期的な目標に掲げているが、**基礎的財政収支**の均衡には次のような意味がある。基礎的財政収支とは、歳入と歳出が同額であるとした場合に、歳入から公債収入を差し引き、歳出から公債費（利払い費と債務償還費）を差し引いたものの差額を示す。基礎的財政収支が均衡している状態では、公債収入＝公債費となるので、利払い費相当分だけは公債残高が増えることになる。一方、国債金利は、本来は、名目経済成長率に概ね一致する。したがって、基礎的財政収支が一致すると、国債残高は金利相当分＝名目経済成長率分だけ増額することになるので、国債残高のGDPに対する比率が一定となる。逆にいえば、GDPに対する国債残高の比率が無限に上昇することがなければ、財政の持続可能性は維持されることを意味する。

わが国の国債残高は大きく、図7-2で示したようにGDP比でみると、諸外国よりも高い水準にある。その一方で、わが国の貸借対照表をみると、債務も大きいが資産も大きく、資産のなかには金融資産の割合が大きい。国の債務償還能力を診断するならば、国債の残高ではなく、債務から資産を除いた純資産に注目すべきであるという見方もある。

　図7-5には、平成28年度末の普通国債残高の見込みが約844兆円であって、一般会計税収の約15年分に相当する額であることや、国民1人あたりに直すと約669万円、4人家族で約2,676万円であって、勤労者世帯の平均年間可処分所得である約508万円に対して、その額がいかに大きいものであるかを説明している。

　もっとも、国の債務を家計や個人にたとえることは必ずしも正しくない。家計や個人は、借金は本来しないことが原則である。なぜなら資産がないからである。例外は住宅であって、したがって住宅ローンだけは広く行われている。一種の建設公債主義のようなものだと考えてよい。しかも、一般的な感覚では、親の代は生前に借金を完済して子どもの代に引き継ぐことが望ましいと考えられている。個人は借金をしないあるいは残さないことが原則である。

　それに対して、企業は借金しないことが望ましいわけではない。企業は資産を保有していると同時に、法人は個人のように物理的な寿命がなく、永続することが前提である。その場合に、借金は償還能力を担保されればよいのであって、残高ゼロをめざすべきではない。債務に見合う資産があり、売上が順調に上がっている限り、借入を増やすことを必要以上に怖がる必要はない。ましてや政府は課税権という資産を持っているので、無借金主義にする必要はない。

　わが国の経済状況で、政府の債務の増加が、金利の上昇を生んでいるわけではなく、むしろ逆にデフレ状態に陥っているなかで、債務残高の増加が経済に悪影響を及ぼしているとはいえない。そうした状況で、債務残高の減少を最優先にする必要はなく、債務が無原則に増えないようにすればよい。国債残高のGDPに対する比率が一定水準に収束するように、単年度の収支が黒字かその近傍に持っていけば、わが国の財政問題は、1つの山を越える。図7-1で示したように、もう一歩のところである。

　財政収支の改善は、結局のところ景気の持続的拡大によって経済成長を促す

ことによってしか達成できない。国家財政の難しいところは、財政政策を間違えば経済成長にマイナスの影響を与えることである。財政収支の改善を図るための政策がかえって、財政収支の悪化をもたらすことも起きかねない。

　わが国が巨額の債務を抱えていることが国民に浸透した結果、将来への不透明感が高まって、それが消費活動の停滞を生んで、デフレの構造を深めている可能性もある。国民1人あたりの借金の大きさを喧伝すると、それを返済するために相当な窮乏生活が今後続く暗いイメージを国民に与え、デフレマインドをかき立てて、経済成長の足を引っ張るからである。国の債務の大きさをどのように理解すべきなのか、わが国の財政の状況をどのように考えるべきなのか、そのことは意外に難しい。

第 8 章

政府間関係

1 国の統治のあり方としての政府間関係

　わが国は**単一国家**であるが、アメリカは**連邦制国家**である。連邦制国家では本来的な主権者である州によって連邦が形成される。そこでは、州の合意の下で、連邦に一定の事務権限を委任している。理論的には州は連邦から離脱する自由を持ち、州憲法を持っており、独自の法制度を備えている。一方、単一国家では、主権者である国の法体系の下で地方自治体（法律用語では地方公共団体）が設置されたかたちになっている。主権者である国は、本来はすべての公共的な役割を負っているが、一定以上の面積と人口を持っている場合には、地方自治体を法的に設置する。設置する理由は、いうまでもなく、地方自治体に一定の役割を委任することである。その方が地域住民の意向に沿って望ましい統治が実現するからである。

　国家の統治のかたちは、国によって異なっている。また、国家のなかでの政府間関係のあり方は重要な課題である。政府間関係というと、中央政府と地方政府が中心となるが、そこに社会保障基金を加える場合もある。わが国の場合には社会保障基金に独自の政府といえるほどの権限はないので、もっぱら、国と地方の関係が中心となる。

　国と地方の関係でいえば、第 2 次世界大戦後は、どちらかといえば国の権限が強化され中央集権化が世界的にも進んできたが、1990年代以降は世界各国でも**地方分権**の流れがあるとされる。グローバル化が進むなかで、国民国家が弱体している。そのことは、経済社会の安定という意味では脅威である。国家が

国民の生活を十分に守れないなかで、傾向として、地方自治体への期待が高まっているといえる。

国家は、国境で囲まれることで、人と資本の移動に一定の制約がかかっているが、地方自治体は入退出が自由なオープンシステムである。そのために、地方自治体の政策には限界があるとされてきた。労働や資本の移動によって政策効果が減殺されてしまうからである。特に所得再分配政策は国の役割であって、地方はできないと考えられてきた。しかし、近年では、現金給付による所得再分配政策は国の役割であっても、現物給付による社会保障給付は、それぞれの地域の実情に応じた提供方法が可能であるので、地方の方が適していると考えられている。財政の3つの機能のうち、資源配分機能と同様に、所得再分配機能は国のみではなく、地方の役割でもある。

現代は、地域共同体の衰退が相当な程度で進み、人々が暮らす基盤が失われている時代である。失われた共同体の代替機能は、NPOや社会起業などの新たな担い手にも期待が集まっているが、そこで重視されるのが地域共同体としての地方自治体、特に市町村などの基礎自治体である。地方財政の重要性が高まっている理由として、地域共同体の衰退による代替機能をあげることができる。

表8-1は、わが国における国と地方の事務配分である。最終支出ベースで国と都道府県と市町村のどこが担っているかを示している。このような事務配分は、基本的に国の法令に基づいている。したがって、国が地方に配分したものである。この事務配分を前提に、それを担うだけの法令上の権限の整備、地方自治体の体制の整備や地方公務員制度、議会制度などを総体して地方自治制度という。また、事務配分を基に、それに対応した税財源のことを地方税財政制度という。事務配分にふさわしい税財源を整えることは、地方に事務の執行を委任した国の責務である。それが地方財政制度の基本となる考え方である。

2 事務配分と財源保障

事務配分にふさわしい税財源を整えるとはいえ、それをどこまで厳密に手当てするかについては、相当な幅がある。地方自治体に課税権を付与するにとどめ、地方自治体間に税収格差があることで事務配分の達成度等に差が生じるこ

表 8-1 国と地方の事務配分

分　野		公共資本	教　育	福　祉	その他
国		○高速自動車道 ○国道（指定区間） ○一級河川	○大学 ○私学助成（大学）	○社会保険 ○医師等免許 ○医薬品許可免許	○防衛 ○外交 ○通貨
地方	都道府県	○国道（その他） ○都道府県道 ○一級河川（指定区間） ○二級河川 ○港湾 ○公営住宅 ○市街化区域、調整区域決定	○高等学校，特殊教育学校 ○小・中学校教員の給与・人事 ○私学助成（幼～高） ○公立大学（特定の県）	○生活保護（町村の区域） ○児童福祉 ○保健所	○警察 ○職業訓練
	市町村	○都市計画等（用途地域、都市施設） ○市町村道 ○準用河川 ○港湾 ○公営住宅 ○下水道	○小・中学校 ○幼稚園	○生活保護（市の区域） ○児童福祉 ○国民健康保険 ○介護保険 ○上水道 ○ごみ・し尿処理 ○保健所（特定の市）	○戸籍 ○住民基本台帳 ○消防

出所）総務省資料

とはやむをえないと割り切ることもできる。また、税収が乏しい地方自治体に対して、国が財源を予算の範囲で付与して、自治体間の財源獲得能力の差の縮小に努め、地方自治体の事務配分に対して、住民ニーズを充足させる程度を高めることもある。一般に、国が統治機能を徹底させようとすればするほど、地方自治体間の財政力の是正はきめ細かく行う方がよい。そのことで、国に対する求心力を高め、住民生活のレベルアップを確実なものとし、経済発展の基盤を形成するからである。

わが国の場合には、敗戦後の占領統治の時代の昭和24年に、シャウプ勧告によって**地方財政平衡交付金**が盛り込まれ、それが後に**地方交付税**に改組されて実施されてきた。それによって、他の国に例をみないような、国による統治機能を徹底させる地方財政の仕組みが実現することとなった。地方財政平衡交付金の基本的なしくみは、地方の事務配分に対して、それがどれだけの財源を必要とするかを、国の責任において、**地方財政計画**の歳出というかたちで金額を見積って、それと同額の歳入を保障するというものであった。財政需要を見積

もって所要額を確保することから、財源保障と呼ばれる。その考え方は、現在まで続く地方交付税においても引き継がれ、それがわが国の地方自治・財政における大きな特徴となっている。

事務配分を示している表8－1では、表現できないことがある。それは事務配分の型が、**融合型**なのか**分離型**なのかの違いである。分離型とは、国と地方の事務配分が厳密に区分されていて、複数のレベルの政府が相乗りするサービスが基本的にないというものである。連邦制の国であるアメリカでは、連邦政府は基本的に義務教育に対して直接的な権限を持たない。それは州政府とその下にある地方自治体の管轄であるからである。その一方で、わが国の場合には、義務教育制度は国によって設計されており、教育水準のガイドラインにあたるものが定められ、義務教育の教職員は県または政令指定都市の地方公務員である一方で、小中学校は基本的に市区町村立である。まさに相乗りの事務となっている。

わが国は、明治期にドイツの仕組みに倣って近代国家の建設を行ってきた。そのために、大陸型の融合型の事務配分を基本としてきた。ところが、敗戦後の占領軍はアメリカ人が主であったので、そこでシャウプ勧告では、分離型の事務配分にするように勧告し、そのために国から地方への補助金である国庫支出金を見直そうとした。

融合型の事務配分では、国と地方の相乗りの事務があることが前提であるので、その事務に対する国と地方の利害の大きさに応じて負担するという考え方がされることがある。現在でも、国庫支出金における補助率の高い事務は、国の利害の大きな事務とみてもよい。そこで、昭和23年に創設された地方財政法は、当初、国と地方の利害の大きさに応じた負担区分のあり方が規定されていた。そこでは、地方が執行する事業に対して国が利害に応じて地方に**国庫負担金**（国庫支出金の一種で国が地方の事務に対して割り勘的に負担するもの）を支出することはむしろ望ましいとされた。

それに対して、シャウプ勧告では、地方財政平衡交付金で財源を保障する代わりに、分離型の事務配分に移行することを前提に、国庫負担金の廃止をしようとした。しかし、占領統治が終了したこともあって、分離型の事務配分は実現せず、各省はいったん廃止された国庫負担金の復活を図った。そこで、地方

財政法は昭和27年の改正で、第9条で地方団体が執行する事務についてはその全額を負担することを原則としながらも、国がその一部あるいは全部を負担することができる規定に改められた。

　このように、分離型の事務配分を方向性として志向しながらも融合型の事務配分にしていることと、国と地方の負担区分のあり方を折衷型にとどめたことで、わが国の地方財政制度の性格はわかりにくくなっている。**補完性の原理**と呼ばれるものがある。個人ができることは個人で、できないものは家族で、家族でできないものは地域社会で、地域社会でできないものは基礎自治体で、として、最後の国の役割を規定するものである。この考え方は、国の役割を国でしかできないものに限定するという意味でできるだけ小さくし、政府のなかでは基礎自治体にできるだけ役割を集中するという考え方につながる。すなわち、**基礎自治体中心主義**による地方分権の推進を行う理論的根拠となる。また、国の役割をできるだけ小さくして、広域自治体の役割を厚くする道州制の推進にも通じる。

　しかし、補完性の原理は、分離型の事務配分を前提にした考え方であり、融合型の事務配分ではうまく整理できない。今日のわが国において、分離型の事務配分をめざしながら基礎自治体中心主義の実現を図るという考え方は、地方分権を進める立場からは有力であるが、現実的な政策提言につながらないという場合もある。そうなる理由は、分離型か融合型かの基本的な議論が欠落しているからである。

　わが国の地方財政制度に対して、集権的分散システムと呼ばれることがある。地方の歳出規模や課税権の大きさは国に比べて相対的に小さくないが、実体的には中央集権的であるというのである。そうした現状を改め、地方分権を進める場合に、分離型の事務配分を進めて道州制の実現をめざす選択肢がある。分離型にすれば、国による関与はなくなるからである。その一方で、融合型の事務配分を変えないまま、地方の事務に係る法律に基づく国の関与のあり方を緩和するために、**義務付け・枠付け**の見直しなどを進める方法がある。わが国では、近年は後者を選択している。

　融合型の事務配分は、国と地方が一体的で協力して公共的役割を果たすことを前提としているが、国による過剰関与を招く可能性がある。その一方で、す

べての地域住民に対してきめ細かく行政サービスを提供する上では、融合型の事務配分が優れている。

3　国税と地方税の税源配分

　地方財政において重要なことは、地方に対する事務配分にふさわしい税源を配分することである。わが国では、憲法で租税法律主義を定め、同時に国会は唯一の立法機関であると定めている。したがって、地方税法は国の法律として定められ、それを通じて国が地方に税源を配分するかたちになっている。

　図8-1は地方税の課税方式を示している。地方自治体に課税権を配分する方式には、分離方式、重複方式、共同方式の3つがある。いずれも租税客体（課税の対象となる課税標準）が国税との間で分離しているか、重複あるいは共同であるかによって区分されている。

　わが国は、戦前はもっぱら付加税のかたちで地方税を充実させてきた。付加税では、地方税は国税と同じ租税客体を持ち、課税標準を決定する立法権は国にあって、地方には税率を決定する権限のみがある。それに対して、地方自治の充実の観点で、シャウプ勧告は地方税に基幹税を据える独立税主義への転換を求めた。そこでは、市町村の基幹税に固定資産税、道府県税の基幹税に附加価値税とした。もっとも、基礎自治体中心主義の観点で、個人と法人の所得課税である市町村民税（租税客体が国税の所得税、法人税に近いまたは同一という意味で付加税の性格が強い）が基幹税となり、道府県税では附加価値税が実施されずに所得課税である事業税になったことから、シャウプ勧告の独立税主義は完全には実現しなかったが、その考え方は現在でも地方税のあるべき姿として参照

図8-1　地方税の課税方式

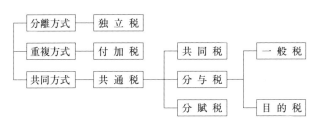

出所）神野直彦・小西砂千夫『日本の地方財政』有斐閣、2014年、37頁

されている。

　また、共同方式には、共同税、分与税、分賦税の3つがある。共同税は課税権のうち立法権を国と地方が共同して持ち、分与税は国税の一部または全部を地方に移譲するものであり、分賦税は地方税の一部をまたは全部を国に移譲するものである。

　地方財政を考える際に、提供する公共サービスの性格が国と地方で異なることに注意すべきである。公共サービスは、その便益が消費する特定の個人ではなく、社会全体に広がる特徴がある。その際、便益のスピルオーバー（地理的拡散）の広さは、公共サービスの種類によって異なる。たとえば、消防は狭域であり、国防サービスは広域である。そこで、国が提供する公共サービスは便益が国全体に広がるものとし、都道府県や市町村はそれぞれ便益の範囲が域内で完結するものを基本とすることになる。

　受益と負担の対応という観点に立てば、シャウプ勧告で市町村の基幹税を固定資産税、道府県税の基幹税を消費課税としたことに合理性がある。固定資産税は、土地や家屋等の保有に対する課税であって、その地域住民として受ける便益に応じた課税となる。また消費税は、消費課税が概ね県内で完結することを考えると、受益と負担の地域的な対応がある。そこに、シャウプ勧告の税制改革の先進性をみることができる。

　地方税として望ましい要件を取りまとめたものに**地方税の原則**がある。その最初は、①応益課税の原則である。一般に、国税は応能原則であるが、地方税は応益原則が望ましいと考えられてきた。地方税は地方住民としての一種の会費のようなものであり、地方自治体が地域的公共サービスの提供を主たる役割とする限り、地方税が応益的な負担であることには整合性がある。応益課税の典型が固定資産税である。その一方で、地方財政には、現物給付を中心に社会保障給付を担う側面が強調されるようになると、地方税にも応能課税の要素がまったく不要ということではない。また、応益課税では大きな税収があげられないという側面がある。地方税として地方消費税が望ましいという見方は、地方消費税が応益課税と応能課税の折衷的な性格を持つことから来ているともいえる。

　次に、②安定性の原則として、景気変動に左右されずに税収が安定すること

が望ましいというものがある。国税も安定している方が望ましいが、国は景気変動に対して、その信用力を生かして借入でしのぐことができる。それに対して、地方自治体は信用力が国に対して小さいので、借入は国ほどはやりにくい。地方はもっぱら地域住民に対して生活に密着した公共サービスを提供していることから、その財源が安定的に確保されるに越したことはない。一方、国の財政には経済安定機能があるが、景気動向に感応的な税制であること自体が、税収の変動を通じた経済安定機能を持っている。

　③普遍性の原則は、税収が地域的に偏在せずに、広く普遍的に存在することを求めている。地方税は、地域ごとの経済力格差を反映して、地域的に偏在することが常に課題となる。事務配分に応じて課税権を配分することが望ましいとされながら、それに限界があるのは、税収の地域的偏在のためである。特に、わが国の地方税では、法人所得課税が柱の１つであることから、税収入の地域偏在は常に問題とされてきた。

　④負担分任原則は、地域社会の住民が負担を分かち合うという趣旨である。地方財政で負担分任が特に強調されるのは、国の財政では国家による強制力を前面に出して国民統合を図るものであるのに対して、地方ではそうした権力行政的な要素を前面に出さずに、地域社会の共同体的な要素を通じて地域統合を図るものであるからである。そこでは地方税は地域社会への会費の意味がある。典型例は住民税の均等割である。

　最後に、⑤自主性の原則は、地方自治体の課税自主権を尊重して、地方税の課税標準や税率の決定権が認められるものである。わが国の地方自治体の課税自主権は小さいといわれる反面で、地方税法の定める標準税率を超えて超過税率を設定する余地は相当大きく、税率の決定権は広い。地方消費税こそ国税の消費税と合わせて徴収されるので、税率の決定権は制限されているが、住民税の税率の上乗せは広く認められている。また、法定外税として、地方自治体が独自の地方税を条例で設置して、課税することもできる。

　このような租税原則は、相互に矛盾する部分もあり、それを完全に満たすような単一の税目だけで、地方自治体が必要とする財源をすべて確保できるものではない。そこで、さまざまな税目を組み合わせた体系とすることに合わせて、国税を財源とする財政調整制度によって、地方自治体の財政力格差を是正

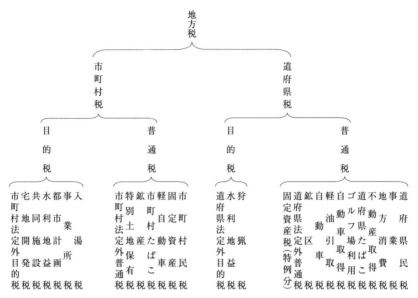

図8-2 現行の地方税の体系

注）1．普通税：その収入の使途を特定せず、一般経費に充てるために課される税。普通税のうち、地方税法により税目が法定されているものを法定普通税と言い、それ以外のもので地方団体が一定の手続、要件に従い課するものを法定外普通税という。
　　2．目的税：特定の費用に充てるために課される税。目的税のうち、地方税法により税目が法定されているものを法定目的税といい、それ以外のもので地方団体が一定の手続、要件に従い課するものを法定外目的税という。

出所）総務省資料

する方向で財源を付与することが必要となる。

　地方税の体系は**図8-2**で示している。そこでいう目的税とは、使途が決まっている税目であり、普通税は使途が決まっていない税目である。また、表3-3は、所得・消費・資産等の課税対象別の国税と地方税の税目を表しており、税収構成の概要は図3-7で示している。

　わが国の地方財政の現状を示す言葉として3割自治がある。地方の所管する事務のうち、国の関与のないものは3割程度しかないという国による地方への統制が強いという意味で使うこともあれば、地方財源のうち、自主財源である地方税のウエイトが3割程度であって、自主財源が小さいことで地方財政の基盤が整えられていないことに対して批判的な意味で使うこともある。

表8-2 地方財政計画の主な歳入項目とその構成（平成28年度、通常収支分）

項　目	金額（億円）	構成比（％）
①地方税	387,022	45.1
②地方譲与税	24,322	2.8
③地方特例交付金	1,233	0.1
④地方交付税	167,003	19.5
⑤国庫支出金	132,184	15.4
⑥地方債	88,607	10.3
⑦うち臨時財政対策債	37,880	4.4
⑧使用料及び手数料	16,247	1.9
⑨雑収入	41,643	4.9
⑩合計	857,593	100.0
自主財源比率　（①＋②）／⑨、％		48.0
一般財源比率　（①＋②＋③＋④＋⑦）／⑨、％		72.0

備考）復旧・復興事業一般財源充当分（△79億円）と全国防災事業一般財源充当分（△589億円）を除いているので、各項目の合計額と合計欄は一致しない

　表8-2は、地方財政全体の予算にあたる地方財政計画における歳入構成を示しているが、そこでは地方税の構成比は45.1％、地方譲与税（国税として徴収するが地方財源として譲与されるもの、図8-1の分与税）を加えた自主財源比率は48.0％であり、3割自治よりも大きい。それでも、依存財源はその残りであるので、けっして小さいとはいえない。また、使途の特定されない財源という意味での自主財源比率も、歳入の自治を測る尺度であるが、それは72.0％と比較的高い。近年では、国庫支出金が伸び悩むなかで自主財源比率が上昇しているが、そのことは望ましいとしても、歳入の絶対額が増えないという意味で歳入の自治が十分確保されていないという見方もある。

4　地方交付税

　昭和24年のシャウプ勧告は、地方財政平衡交付金制度という世界のどの国にもなかった画期的な財政調整制度の導入を求めた。それは国の責任において、地方自治体の財政需要を見積もって、地方税等の自主財源等で賄えない額を保障するというものであった。その仕組みは後に地方交付税に継承されたが、現

在に至るまで同じような仕組みを持った国は稀である。それは、①地方の財政需要を客観的に見積もることが技術的に難しいことと、②国の財政事情にかかわらず地方の財源不足を補うことが容易でないことがある。わが国でも、①②の理由から、地方交付税制度の運営については、常に困難を伴っている。しかし、地方交付税制度は、国民生活を行き届いた公共サービスによって底上げするという意味できわめて有効であって、そのことが内国統治の求心力を高めている効用は相当大きい。

　地方財政平衡交付金制度では、地方の財政需要の見積り額に対する財源不足を交付するために、国の予算で財源を手当てするものである。それに対して、地方交付税は、国税の一定割合（法定率または交付税率）を地方財源として交付することを原則とする。しかし、それと同時に、地方の財政需要として見積もった額から導かれる財源不足額に応じて、法定率を中期的に引き上げることが前提となっているので、基本的な考え方は変わらない。地方交付税といえども、国税収入の法定率分を渡しきりの交付金とするのではなく、その所要額の根拠を財政需要に求めている。また、近年では、毎年度の運用のなかで、法定率で賄えない状況が続いており、法定率分の交付税財源にさまざまな加算措置などを講じているので、運用の実態としては地方財政平衡交付金に近いといえる。もっとも、地方財政平衡交付金は国による予算措置であるが、地方交付税は国税収入の一定割合を基本とすることから、国税でありながら地方の共有財源であり、地方の固有財源の性格を持っている。法定率は、平成29年度現在で、所得税と法人税の33.1%、酒税の50%、消費税の22.3%、および地方法人税の全額である。

　地方交付税の交付額は、国の責任において見積もった地方全体の財政需要である地方財政計画の歳出に対して、地方税収入の見込額や、国の予算に盛り込まれた地方の一般会計等に対する国庫支出金の交付予定額、投資的経費の一定割合として決まる地方債などの地方財政計画の歳入を積み上げ、地方財政計画の歳出と同額の歳入を確保するための額として決まる。地方交付税としての所要額の財源を手当てするための方策を**地方財政対策**と呼んでいる。

　図8-3は地方財政計画の歳出の内容を示している。図8-3は、表8-1で示した都道府県と市町村の事務配分に係る見積額といってもよい。図8-3の

図8-3　地方財政計画の歳出の分析（網掛け部分は義務づけのある経費）

○ 地方財政計画は、毎年度国の予算編成を受けて作成の上、国会に提出しているもの。
○ 国庫補助関連事業（約32.1兆円）、国が法令等で基準を設定しているもの（警察官や高校教員数など）、国が法令でその実施を義務付けているもの（戸籍、保健所、ごみ処理など）が、地方一般歳出の大部分を占めている。

地方財政計画（平成28年度）【85兆7,593億円】　　　（単位：億円）

区分	内訳	費目	金額	備考
給与関係経費 203,274	補助 56,464	国　費	15,543	小中学校教職員等
		地方費	40,921	
	地方単独 146,810	地方費	50,498	地方警察官 21,150／消防職員 12,240／高校教職員 17,108
		地方費	96,312	ケースワーカー、公立保育所保育士等の福祉関係職員　等
一般行政経費 357,931	補助 190,004	国　費	85,289	生活保護、介護保険（老人ホーム、ホームヘルパー等）、後期高齢者医療、障害者自立支援　等
		地方費	104,715	
		国の事業団等への出資金等	1,821	
	地方単独 140,374	地方費	138,553	警察・消防の運営費、ごみ処理、道路・河川・公園等の維持管理費、予防接種、乳幼児健診、義務教育諸学校運営費、私学助成、戸籍・住民基本台帳　など
	国保・後期高齢者 15,053	地方費		都道府県財政調整交付金、保険基盤安定制度（保険料軽減分）、国保財政安定化支援事業
	まち・ひと・しごと創生事業費 10,000	地方費		
	重点課題対応分 2,500	地方費		
地域経済基盤強化・雇用等対策費 4,450		地方費		
投資的経費 112,046	直轄・補助（公共事業等）57,705	直轄事業負担金	5,677	
		国　費	26,343	
		地方費	25,685	
	地方単独 54,341	地方費		清掃、農林水産業、道路橋りょう、河川海岸、都市計画、公立高校　など
公債費 128,051		地方費		（注）その他には、小・中学校、ごみ処理施設、社会福祉施設、道路等の事業で、いわゆる国庫補助事業の継ぎ足し単独や補助事業を補完する事業等、国庫補助と密接に関係する事業も含まれる。
公営企業繰出金 25,143		企業債の元利償還に係るもの	15,905	上下水道、病院（高度医療等）等
		上記以外	9,238	
その他 26,698		地方費		

出所）総務省ホームページ「地方財政関係資料」。

うち、網掛けで示した部分は、国の法令等によって義務付けられた部分である。

　また、地方財政計画の歳出・歳入は、国の予算と密接な関係がある。とえば、生活保護費は、平成28年度はほぼ4兆円であるが、国が4分の3を補助することとなっているので、国の歳出予算に生活保護国庫負担金が計上されると同時に、地方財政計画の歳入として同額が計上される。一方、地方財政計画の歳出に4兆円の生活保護費が計上される。地方財政計画の歳出と歳入は同額であるので、生活保護費4兆円と国庫負担金3兆円の差額である地方の一般財源で対応すべき1兆円が、全体として確保されていることを意味する。したがって、もしも地方財政計画の歳出の方が歳入よりも大きければ、国の補助事業に対する地方負担分（裏負担ともいう）が確保されていないので、生活保護事業の執行にあたってふさわしい条件を国が整えていないことになる。したがって、地方交付税財源が不足していても、地方財政計画の歳出と歳入を同額にするだけの地方交付税財源は整えざるをえない。

　財政の基本は量出制入であることを第3章で述べたが、地方財政計画の作り方は、まさにそのとおりである。地方財政計画は歳出の見積りが基本となり、それにふさわしいだけの歳入を確保するからである。その一方で、地方財政計画の歳出を見積もる「量出」はされているが、その次に、本来的には、地方交付税の財源不足に応じて、地方交付税の法定率を引き上げる「制入」をしなければならないが、それはできていない。国の財政運営で赤字国債が累増し、大幅な財源不足に陥っているなかで、地方財政だけを身ぎれいにすることはできないからである。赤字国債に頼っている国の財政も、量出はしていても、制入はできていない。地方財政では、法定率を引き上げる代わりに、財源不足分の一部を地方債の一種である臨時財政対策債の発行可能額を配分する方式をとっている。臨時財政対策債は、償還時に、その元利償還金相当額を、その時点での地方交付税で財源保障することで実質的な負担が生じないようにしている。

　このように、地方交付税は、地方財政計画によって総額が先に決まる。個々の団体の所要額の積み上げで総額が決まっているわけではない。個別団体への配分は、地方財政計画を受けて、単位費用と補正係数を決めることで地方交付税の94％分にあたる**普通交付税**を通じて行い、災害発生などの執行状況を勘案

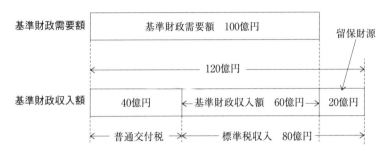

図 8 - 4 普通交付税の概要

しながら、残る 6 ％相当分の**特別交付税**の交付決定を通じて行っている。

図 8 - 4 は普通交付税の仕組みを示している。都道府県と市町村ごとに**基準財政需要額**と**基準財政収入額**を求め、その差額である財源不足額を基礎として、基本的に同額を保障するものである。

 基準財政需要額＝単位費用（法定）×測定単位（国調人口等）×補正係数（寒冷補正等）

 基準財政収入額＝標準的税収入見込額×基準税率（75％）

として算定される。基準財政需要額の算定は、道府県も市町村も個別算定経費と包括算定経費に区分され、個別算定経費は、道府県では警察費から公債費まで、市町村では消防費から公債費までの、それぞれ10の算定区分ごとに、単位費用に測定単位と補正係数を乗じて算定し、それらを合算して基準財政需要額とする。補正係数は、測定単位の違いだけでは説明できない財政需要の違いを反映させる趣旨で、測定単位を積み増す、または圧縮するために補正するものである。また、基準財政収入額は、標準的税制（超過課税や法定外税などがない場合）であって、一定の徴収率で徴収された場合の税収入の原則75％とされ

る。その場合、残る25％分は図8-4で示されているように**留保財源**と呼ばれている。

すなわち、どのように税収入が小さい団体であっても基準財政需要額分の財源は保障される。したがって、交付団体の一般財源は、基準財政需要額＋留保財源に特別交付税を加えたものとなる。また、基準財政需要額＋留保財源を標準財政規模と呼ぶ。基準財政需要額を基準財政収入額で除した数値（の3年平均値）を財政力指数という。基準財政需要額がいずれも100で、財政力指数が0.3、0.6、0.9の団体は、基準財政収入額が30、60、90となるので、留保財源は10、20、30、標準財政規模はそれぞれ110、120、130となる。財政力指数0.9の団体と0.3の団体では、標準財政規模でみると、およそ1.18倍の差がある。

さて、地方交付税の総額は地方財政計画で決まり、その団体ごとの配分は図8-4のように行われるとして、地方財政計画と地方交付税の関係を示したものが**図8-5**である。基準財政需要額は標準的な経費であると受け止められることがあるが、法令等で義務付けられた事務や、義務付けはなくても多くの団体が執行することが定着している事務に係る財源の全額が、基準財政需要額に盛り込まれているという意味で理解するならば、それは誤解である。標準的な経費とは、基準財政需要額ではなく、むしろ地方財政計画の歳出およびそれと同額の歳入である。

図8-4で示したように、①地方財政計画の歳入のうち一般財源部分と、②基準財政需要額を比較すると、②は①よりも小さい。①から特別交付税と不交付団体の財源超過額等を除いても、②の方がなお小さい。その差額は交付団体ベースの留保財源（地方税収の基準財政収入額に算定されない額）ということになる。

地方財政計画の一般財源のうち、交付団体ベースに限り、かつ特別交付税で対応する額を除いたものが標準的な経費とすれば、それは基準財政需要額と留保財源で対応することとなる。すなわち、普通交付税による財源保障は、地方自治体間の税収格差を是正するものの、標準的な行政サービスを全額保障するものではない。

たとえば、生活保護に係る地方負担分は、基準財政需要額に基本的に全額が算入されるので、そこで自治体間格差が生じるわけではない。しかし、社会教

図 8-5 地方財政計画と地方交付税の関係

○ 地方交付税の総額は、所得税、法人税、酒税、消費税の一定割合及び地方法人税の全額を基本にしつつ、地方財政計画における地方財政全体の標準的な歳入、歳出の見積もりに基づきマクロベースで決定。
○ 個々の団体への交付額は、基準財政需要額から基準財政収入額を控除した額を基本として決定されるが、基準財政需要額は地方財政計画の歳出中一般財源対応分を算入するもの。
○ 平成26年度の基準財政需要額43.8兆円のうち、地方税等対応分が約6割、地方交付税対応分が約4割。
○ その際、地方財政法第11条の2の規定により、義務教育や生活保護、公共事業等の国庫負担金の地方負担については財政需要額への算入が義務。
○ 各地方団体毎の基準財政需要額の算定には、人口・面積等に応じた静態的な算定と、実際の事業費に即応した動態的算定があるが、基準財政需要額の算定方法は交付税総額に影響しない。

● 地方財政法第11条の2 〈地方公共団体が負担すべき経費の財政需要額への算入〉
第十条から第十条の三までに規定する経費のうち、地方公共団体が負担すべき部分は、地方交付税法の定めるところにより地方公共団体に交付すべき地方交付税の額の算定に用いる財政需要額に算入するものとする。

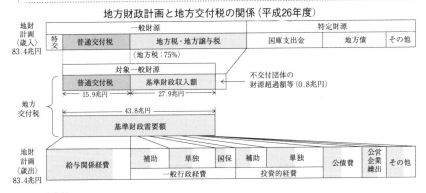

出所）総務省資料

育施設である図書館の建設費用は、国庫支出金や地方交付税で財政支援を受ける場合がないわけではないが、基本的に、基準財政需要額として厳密に財源保障されているわけではない。そうした施設の整備では、団体間の税収格差が生じることもやむをえない。図8-5の上部の説明文では、基準財政需要額は地方財政計画の歳出中一般財源対応分を算入するものとはあるが、標準的な行政サービスを賄う経費であるとは説明していない。

　また、国民健康保険事業については、市町村は一般会計からの繰出しがルール化されているが、その額は基準財政需要額に算入されている（一部は全額算入ではない）。それに対して、公立病院の運営や下水道事業の運営にあたって、一般会計から公営企業の所管会計に対して繰出基準に沿って繰出しが要請されているが、その場合、繰出しに係る一般財源のうち、基準財政需要額に算入さ

れる額はおよそ半分程度であって、あえて全額算入とはしていない。国民健康保険は義務付けのある経費であるが、公立病院の設置や下水道事業の整備運営は、地方自治体の政策選択として任意であって、したがってその全額は算入する必要がないと整理されている。非算入部分は、基本的に留保財源対応となる。過疎対策事業は、過疎対策法に基づいて実施されているが、過疎対策事業債の元利償還金については、基準財政需要額に算入されることで、地方交付税で財源が手当てされるものの、算入率は70％であって、残る30％は留保財源対応となる。過疎対策事業といえども、地域づくりのための単独事業であって、国民健康保険のような義務付けの強い経費ではなく、算入率は100％とされていない。このように、地方財政計画の歳出に盛り込まれているものであっても、留保財源対応とされているものは少なくない。言い換えれば、普通交付税の財源保障の範囲は、標準的な財政需要のうち、義務付けが強い経費や政策的に優先度が高いと考えられているものが中心となるが、その全額ではないことも多い。したがって、自治体間の財政力格差は、特に義務付けの弱い行政分野で顕著に生じる。

　さらに、地方財政計画の作り方からすると、交付団体ベースの一般財源の額が前年度と変わらない場合でも、地方税が増収になると所要額が小さくなるので、地方交付税は減額される。その際、基準財政需要額＋留保財源の額は同じでも、地方税の増収の影響で留保財源が増えると、基準財政需要額は圧縮される。すなわち、基準財政需要額は、歳出であるようで歳入概念であることになる。図8−5では、地方財政計画の歳入が普通交付税と基準財政収入額を決めて、それが基準財政需要額を決めるように、因果関係が説明されている。基準財政需要額から最下段の地方財政計画の歳出への動きは、基準財政需要額の総額を、地方財政計画の各歳出項目に対して充当する仕組みとなっている。地方税収が伸びて留保財源が伸びると、基準財政需要額として充当できる額は小さくなる。その意味でも、基準財政需要額を標準的な経費であると理解することは誤解のもととなる。

　地方交付税の算定では、財政需要を客観的に捕捉することと、団体ごとの財政需要の違いを実績に基づいて的確に捉えることの２つの要件が求められる。そのバランスを図ることが重要となる。たとえば、小学校の運営に係る財政需

要について、その実績に応じて算定しようとすると、地方交付税の算定に現実の学校運営が影響を与える懸念があり、財政需要の客観的な捕捉という趣旨に沿わない。一定の基準で算定した学校運営費の範囲で、学校ごとの教育ニーズに応じた教育サービスを提供するのが望ましい。その一方で、生活保護行政では、地域ごとの保護率の違いを勘案しないで生活保護費を算定することは、保護率の高い団体の財政逼迫につながる可能性があり、望ましいとはいえない。

投資的経費の算定は、財政需要の客観的な捕捉がさらに難しい。経常経費の場合には法令等に照らすと、一定の標準的なサービス水準を想定することができるが、投資的経費の場合には、整備水準そのものは法令による定めがないのが一般的である。投資的経費の実績に応じた算定にすると、補助金のように執行を促す結果にもなる。そこで、国の計画等で定めた整備水準の目標等に照らして実施される事業であるなどの理由で、事業実施の客観性が担保されたものであって、その事業費の全額ではなく一部に限って基準財政需要額に算入し、一部は留保財源対応とすることで、地方交付税の趣旨に適う算定にするなどの対応がされている。先述のように、過疎対策事業は法律に基づいて過疎地域の振興を特に図る趣旨であるにもかかわらず、事業費の財源である過疎対策事業債の元利償還金の70％しか算入しないのは、全額算入することが、地方交付税の算定の趣旨からするとバランスを欠くとみなしているからである。地方債の元利償還金を基準財政需要額に算入する方式は**事業費補正**方式などと呼ばれており、事業費補正方式は、地方交付税の補助金化であるとして批判されることがあるが、それは表面的な見方である。

普通交付税に対して、特別交付税は、客観的な捕捉が難しい特別な財政需要に対応して算定されるので、財政需要に機動的に対応する趣旨が普通交付税よりも強い。たとえば、降雪量が多く除雪費用がかさむ年度の場合に特別交付税で財源手当がされるように、特別交付税は、年度途中で、財政運営の実態に照らして需要を的確に捕捉する趣旨で算定される。

また、不交付団体であって税収が特に豊かな団体では、普通交付税だけでなく、特別交付税も交付されないことがある。特別交付税で対応すべき財政需要から、当該団体の留保財源で対応可能な分を割落とした結果、特別交付税の交付の必要性がないと判断されたことによる。東京都は不交付団体であるが、東

京都の基準財政需要額のなかで、東京都の首都ゆえに必要とされる財政需要は必ずしも捕捉されていない。基準財政需要額は標準的経費であるとすれば、東京都の算定は過少であるという見方もできるが、東京都における基準財政需要額は通常の県における財政需要分だけを見込んでおけばよいのであって、首都ゆえに必要な財政需要は、東京都の豊かな都税収入に係る留保財源で対応するのが基本であり、それでも賄えない部分があれば、特別交付税で対応することが制度の趣旨に沿った運営であるといえる。

　災害復旧に応じた財源手当は、地方財政において重要な課題であるが、経常経費については特別交付税で対応すると同時に、投資的経費のうち公共事業分については、高率の国庫支出金を交付して、残る一般財源部分について地方債を充当し、その元利償還金の95％を基準財政需要額に算入する方式による。災害復旧費は、基本的に事前に予測できるものではなく、通常の普通交付税のなかで捕捉することはできない。そこで、特別交付税と事業費補正方式による財源手当で対応されることになる。もっとも、事業費補正方式で算入率を95％として、あくまで100％としないのは、災害復旧事業であっても当該団体の自己負担がたとえ一部でもあるべきとの考え方に基づいている。

5　国庫支出金

　国庫支出金は、地方自治体の特定の支出に充当するために国が財源を交付するものである。国の予算書には、その性質に応じて、補助金、負担金、利子補給金、損失補償金、委託費、助成金などの名称で計上されている。第2節で述べたように、地方自治体が支出する経費は全額地方の財源で賄うことを原則としているが、国が国庫支出金のかたちで負担することを認めている。

　地方財政法では、その性質に応じて「国庫負担金」「国庫委託金」「国庫補助金」という3種類を、それぞれ別の条文で規定している。国庫負担金は、国と地方の双方に利害のある相乗りの事務に対して、国の負担分に相当する。一般的に、国の利害が大きい方が補助率は高く設定される。一方、国庫委託金は、本来は国の事務でありながら、地方にその執行を委託する方が効率的であるという理由で地方の事務となっているものに対する国の負担分であって、ほかの国庫支出金と異なり、全額補助が基本である。国庫補助金は、地方が所管する

事務に対して、国が特にその執行を政策的に奨励したい場合や、地方の負担軽減を特に図る場合に交付するものである。国庫負担金を法律補助と呼ぶのに対して、国庫補助金は予算補助と呼ばれている。

　国と地方の事務が分離型であることがあるべき姿であるとなると、相乗り型の事務自体をなくすべきであるので、国庫負担金は廃止すべきとなる。その反面、国庫補助金は国の政策として交付して差し支えがない。それがシャウプ勧告における補助金の考え方であった。それに対して、融合型の事務配分を前提にすると、国庫負担金は望ましい。逆に、国の財政事情で一方的に国庫負担金を廃止したり、補助率を引き下げたりすることは、地方への負担転嫁であって望ましくないとなる。そこで、補助金が国の過剰関与であるとして廃止する場合には、もっぱらその対象は国庫補助金が優先されることとなる。特に、国が奨励するといいながら、地方が執行することが定着している事務など、地方の事務として同化して、定型化され定着化しているものは、国の関与を小さくする趣旨と補助申請の事務負担の軽減からも、廃止すべきであるとなる。

　現在もあるが、かつては国庫支出金については、いわゆる超過負担問題が深刻であった。それは国庫補助において補助対象となる経費が、意識的に過少に見積もられ、仮に5割負担とされていても、実際の事業費に照らすと補助率が事実上低く値切られていることに対して、国による不当な補助金の運用であると批判されたことをいう。そうした問題は、国がいわば、補助金をほしがる地方の足下をみて、不当に小さい財源で地方をコントロールするものであって、国の不適切な関与に他ならない。そうしたものは不断に見直されるべきである。

　国庫支出金には、その使途のあり方などを定めた補助要綱が設けられているのが通例である。近年では、その補助要綱が不必要に細かく規定されていて、かえって、地方自治体の財政運営にマイナスになっているという批判がある。これも地方分権を進める観点で、国の不要なあるいは不当な関与を排除するために見直されるべき課題である。

　ところで、図8-5では、地方交付税の算定に関して、地方財政法11条の2の条文を参照している。そこでは、第10条から第10条の3までの経費である経常経費、投資的経費、災害復旧に係る経費に係る国庫負担金については、その

自治体負担分である裏負担分について、基準財政需要額の算定において捕捉することを求めている。逆にいえば、国庫補助金については、裏負担分の地方交付税への算入については、そこまで求めていない（国庫委託金は全額補助なので地方負担がない）。国庫負担金は、国と地方の相乗りの事務であるので、国負担分は国庫負担金で、地方負担分は普通交付税で所要額を財源保障することで、国と地方の負担区分の原則を明確にしようとしたものである。

地方が執行する事務でありながら、国にとっても利害のある事務であるとして、国が負担するのが国庫負担金であるのに対して、逆に、国が執行する事務でありながら、地方にとっても利害のある事務であるものに対する地方の負担分を国の直轄事業負担金と呼んでいる。国道や港湾整備、国営土地改良事業などで設けられている。かつては、維持管理についても直轄事業負担金が設けられていたが、地方の補助事業について国が維持管理費を負担することはなく、単なる上位政府による権力的な負担転嫁に過ぎないことから廃止された。建設分に対する直轄事業負担金については、事業の実施にあたって、どの箇所を優先すべきかなどの相談が事前にないなどの運用上の問題は残しているものの、国庫負担金の対称性に照らすと存続する根拠はある。

6　地方債

地方財政法は、起債を原則的に禁止しながらも、建設債については発行を認めている。その考え方は、基本的に財政法と同じである。地方財政の場合には、公営企業の設備投資等のための起債は当然認められるべきである。

地方財政制度の基本的な作り方として、地方債は本来的な財源としては認められていない。かつては、投資的経費に対する財源は、減価償却費などのかたちで、経常的な財源の一部として地方財政計画なり、地方交付税のなかで盛り込まれていることが建前とされていた。地方債の償還財源は、基準財政需要額の算定のなかでは、特段に盛り込まずに、単位費用の一部をなすなどで包括的に算定された財源、あるいは留保財源において対応することが原則である。しかし、現実的には、それでは十分な財源措置とはいえない。そこで投資的経費の円滑な執行を促す上で、地方債の償還財源を確保するなどの趣旨で、元利償還金の一部を基準財政需要額に算入する方式が段階的に導入されてきた。

それとは別に、一般財源の不足を補う目的から、一時的に起債で賄う手法も多用されてきた。1つは財源対策債として、投資的経費における地方債の充当率を引き上げることで、投資的経費の執行時に必要な一般財源を圧縮する手法である。もう1つは減税補てん債や臨時財政対策債など、地方税や地方交付税の財源不足を一時的に起債で補う方法である。それらは地方財政法が認める起債ではないので、特例的措置として実施するものである。それらの償還にあたっては、その元利償還金の一部または全部を基準財政需要額に算入することで、実質的な負担を圧縮またはなくすることとしている。

地方債は、かつては**許可制度**の下で発行してきた。すなわち原則禁止であるが、特定の要件を満たすと国が認めたときにのみ起債できるかたちである。かつて日本経済が成長経済の状態にあったときには、旺盛な投資意欲に対して貯蓄が著しく不足しており、郵便貯金等で集めた貴重な貯蓄資金を原資に、政府が地方自治体に資金の割り当てを行う必要があった。許可制度とすることで、計画的な資金配分が可能となった。また、許可制度とすることで、財政状況の健全でない団体に対して地方債の発行を抑制し、財政健全化を促すことも可能であった。

しかし、昭和50年代の後半には、日本経済の構造が変わって、次第に資金不足は資金余剰の状態に転換し、公的資金の割り当ての必要性は相対的に小さくなってきた。加えて、地方分権を推進する上で、地方債発行の許可制度を国の過剰関与の緩和という観点で見直すことが求められた。

平成11年の地方分権一括法に盛り込まれたのは地方債の許可制度に代わる**協議制度**の導入であった（施行は平成18年度から）。許可制度は原則禁止の下での許可であるが、協議制度では地方債の発行は原則自由であって、地方債の起債に関して総務大臣あるいは都道府県知事と事前に協議をする。総務省は同意等基準を事前に示し、そこで盛り込まれた要件を達成していれば、同意をすることとなる。同意等基準の内容は、地方財政法第5条が求める建設公債主義等の具体的要件などからなる。もっとも、協議制度の導入後も、実質公債費比率が高いか実質収支比率の赤字が大きいなど、財政状況が良好とはいえない団体については、許可制度が引き続き適用されることとされた。

平成24年度からは、地方分権を進める上で、協議制度をさらに緩和する**事前**

届出制が導入された。そこでは、財政状況が良好な地方自治体が、民間資金債を発行する際に、原則として協議を不要として事前届出でよいこととした。事前届出制には、事務手続きの簡素化と、発行時期の前倒しを可能にするなどのメリットがある。その結果、財政状況が悪い団体から良好な団体の間で、許可、協議、事前届出の３段階が設けられることとなった。平成28年度からは、許可団体の基準は据え置くものの、事前届出の適用範囲を広げるなどの緩和が行われるようになった。

　地方財政計画と並行して、地方債計画が策定される。地方債計画には、地方財政計画で発行が予定される普通会計債と公営企業債の両方が盛り込まれ、それに対する資金計画などが定められている。地方財政計画の歳入において発行が予定されている地方債については、地方債計画の普通会計債として計上される。また、地方債計画の普通会計債のうち、同意または許可を受けた地方債については、その元利償還額（臨時財政対策債については発行可能額に係る元利償還金）が地方財政計画の歳出における公債費に計上される。それを通じて、地方債の元利償還金は、マクロの地方財政計画において財源保障される。さらに、一部の地方債については、元利償還金の一部または全額について、基準財政需要額に算入されることで償還財源が確保される。それに加えて、財政状況が悪化した団体には許可制度等を通じて地方債の発行の抑制を促すことができる。そのことと、次節で述べる自治体財政健全化法の枠組みによって地方債の安全性は確保されている。地方債は日銀適格担保であると同時に国債と同様にリスクウエイト・ゼロの債券と位置付けられている。

7　自治体財政健全化法

　かつて昭和20年代の後半から30年代前半にかけて、地方自治体の財政状況は大きく悪化し、赤字団体が続出した。その原因は、戦後、中学校の義務教育化など、多くの事務が拡大したにもかかわらず、地方財源の圧縮が進められた結果とされる。そこで、昭和30年の地方財政再建促進特別措置法によって、国の監視の下で財政再建を進めるスキームが設けられた。近年になって、小泉内閣が進める構造改革の下で、平成16年度地方財政ショックに代表されるように地方財源の圧縮が進められて財政状況が悪化した。それに加えて第三セクターや

土地開発公社の財務状況が悪化し破たん処理のための設立自治体が財源を投入せざるをえないような状況に陥った。そこで、地方財政再建促進特別措置法を全面改正して、平成19年に成立し、20年度決算から本格適用されるようになったのが**自治体財政健全化法**である。

自治体財政健全化法は、当初、地方自治体に破たんの要素を持ち込むという問題意識から制度の検討が開始された。地方債は安全債券であるとされているのは、国が暗黙の政府保証等で過保護にしているのであって、それを止めて破たんの可能性があるとなると、地方自治体の財政規律が働いて健全化が進むという見立てからであった。しかし、暗黙の政府保証などというものは実態がなく、地方自治体は国の保護を受けて地方債の安全性を確保しているわけではない。地方債の償還が確実なのは、償還ができないほど財政が悪化する事前の段階で、法によって財政再建の過程を強制的に適用するからである。そこで、自治体財政健全化法も、その枠組みを踏襲し、地方財政再建促進特別措置法では十分捕捉できなかった地方公営企業や土地開発公社などの赤字や債務を捕捉する仕組みに強化された。

図8-6は自治体財政健全化法の仕組みを示している。大きな特徴は、従来の実質赤字比率を含めて4つ財政指標を設けたことである。そのうち、連結実質赤字比率、実質公債費比率、将来負担比率では、一般会計等だけでなく、特別会計、公営企業会計および土地開発公社や第三セクター等がもたらす赤字や債務のうち、一般会計で最終的に負担することになる額を対象に含めている。併せて、財政の再生の前段階として、新たに早期健全化の段階を設け、議会の監督下で財政再建を進めることで、総務大臣の監督下で財政再建を進める事態に陥ることを未然に防ぐとしている。また、公営企業についても、資金不足の指標である経営健全化基準に基づいて、単体で健全化の適用を受ける。

地方分権改革が推進されるなかで、自治体財政健全化法は、国による地方自治体への関与の強化であり、その妥当性については一部で異論もある。地方の財政悪化を放置して破たんさせる方がよいとの見方すらある。国が、地方自治体の財政悪化を未然に防ぐことの妥当性はどこにあるのか。基本的に、地方自治体の財政破たんは、経済活動に混乱を与え、住民生活を脅かせるだけで、誰の得にもならないことがある。また、特定の団体の財政不安が表面化すると、

図 8-6 地方公共団体の財政の健全化に関する法律について

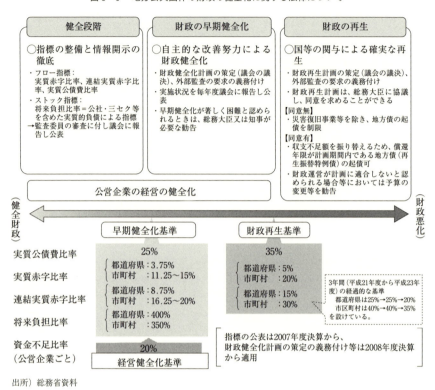

出所）総務省資料

当該団体だけでなく、ほかの多くの団体の信用不安につながり、資金調達コストが上昇する懸念がある。国が未然に防ぐことができるならば、その方が望ましい。さらに、財政破たんの監視役を国が行う理由は、融合型の事務配分を前提に、国と地方が協力し一体となって、住民生活を守る公共的な役割を負っていることがある。公共サービスの提供基盤を整えることは、国自身の責務でもあるということになる。

8 地方歳出

表8-1で事務配分、図8-3でそれに伴う地方財政計画の歳出の見積りを示しているが、事務配分に対してどの程度の財政需要があるとみるかは、一定の

図 8-7　地方財政計画の歳出の推移（昭和45〜平成28年度）

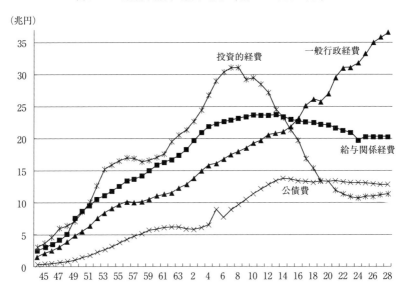

幅があり、政策判断によって左右される部分がある。

　図 8-7 は地方財政計画の主な歳出項目についての長期的な変化を示したものである。昭和40年代からバブル期、その後のバブル崩壊後の時期にあたる平成一桁の終わりまでは、比較的単調に、どの歳出項目も右肩上がりであったが、その後は、項目によってまったく異なる動きをしている。

　まず、給与関係経費は、増加を続けていたが、小泉内閣の構造改革によって減少に転じ、近年になってようやく下げ止まっている。給与関係経費の減少は、民間企業の給与水準の引き下げとも相まって、その後のデフレ経済への原因となった可能性もある。近年では、デフレ脱却のための賃上げが官民ともに必要とされている。

　一方、投資的経費は、給与関係経費よりも5年程度早く減少に転じている。それ以前の平成に入ってからの上昇のペースも速く、特にバブル崩壊後の経済対策で大きく伸びている。減少に転じてからの減少の度合いも大きく、直近の水準は昭和50年代の半ばと概ね同じである。投資的経費の急上昇と、その後の急減によって、現在の投資額は、過去の投資額の減価償却費相当額を下回る状

況であって、インフラや公共施設等のストック額が純減する状況にある。そこで公共施設等の適正な管理に努め、インフラの長寿命化や、公共施設のダウンサイジングによる建替えの推進などの課題に直面している。なお、図8-7は地方財政計画ベースであり、補正予算による公共事業の追加分や、地方財政計画でも別枠扱いにしている東日本大震災に伴う復旧・復興事業分は含まれていないことに注意が必要である。

　投資的経費の圧縮に伴って、地方債の発行額は抑制される。近年では臨時財政対策債の発行もあるが、それを含めても地方債の発行額が抑制されてきた関係で、公債費は長期的に減少傾向にある。そのことが、地方の基礎的財政収支が黒字基調となる原因となっている。

　それに対して、近年、一本調子で増え続けているのは一般行政経費である。一般行政経費のうち、単独分の動きは、国の同種の経費のシーリングに準じて設定されるなどによって、ほとんど純増はなく、大きく増加しているのは、高齢化に伴う自然増と社会保障改革の実施に伴う社会保障給付を含む、一般行政経費の補助事業である。

　このように、近年では、歳出項目によって増減率が大きく異なっている。国の政策的な判断が地方歳出に重大な影響を与えている現状が読み取られる。

9　地方公営企業

　地方自治体は、一般会計等を中心とする地方税や地方交付税等を財源として無償の公共サービスを提供する一般財政部門のほかに、地方公営企業として借入等で財源を調達して設備投資等を行い、受益者負担を徴収してその償還を図る企業部門がある。一般財政部門も企業部門も、どちらも地方自治体であって、第三セクターや土地開発公社のように、設立した地方自治体と法人格が分かれているわけでない。地方債を借りるときには、地方債計画では、目的別に借入のメニューが設けられており、普通会計債と公営企業債は区分されているが、貸し手からすれば地方自治体に貸していることに変わりはない。したがって、地方公営企業の収益が思うようにあがらず、それだけでは地方債の償還ができないときには、最終的には一般会計からの地方公営企業の会計への繰出し等を通じて、税金で負担をせざるをえない。

図8-8 地方公営企業の範囲

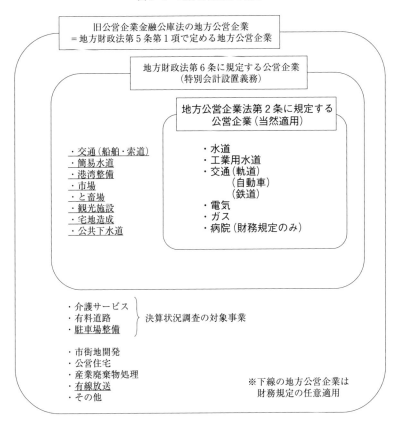

出所）総務省資料

図8-8は、地方公営企業の範囲を示したものである。最も広範囲なのは、地方財政法が定める公営企業債の活用を認めている企業である。その内側にあるのが、地方財政法第6条で特別会計の設置義務を課している公営企業である。特別会計を設置し、一般会計と区分して経理することの趣旨は、地方公営企業は独立採算をもって原則とすることである。さらに、その内側にあるのが、地方公営企業法第2条に規定する公営企業であって、同法の当然適用（公立病院事業は財務規定のみ当然適用）の対象となる企業である。地方公営企業法が適用されると、管理者を置くことが義務付けられ、経営の自由度が一定の範

囲で確保される一方で、発生主義会計である地方公営企業会計基準の適用が義務付けられる。

　地方財政法第6条に規定する特別会計設置義務のある地方公営企業であって、地方公営企業の当然適用でない簡易水道事業や下水道事業などは、財務規定は任意規定であるが、現在、その適用が強く促されている。一般会計についても公会計によって発生主義会計に基づく財務書類の整備が進められており、独立採算の原則をうたう地方公営企業では、発生主義会計の適用は、本来、さらにその必要性が大きい。発生主義会計に基づいて回収すべき費用を明確にする必要があるからである。

　昭和30年代に大都市圏への大量の人口流入が続いたことから、地方公営企業の経営状況は相当悪化した。そこで、昭和41年の地方公営企業法の改正によって、一般会計からの繰出基準を設け、企業の収益によって回収すべきでない費用相当（たとえば病院事業ではへき地医療の確保に要する経費、や学校検診の費用、不採算地区病院の運営に要する経費、救急医療の確保に要する経費など）については一般会計が負担することとし、一般会計との負担区分を明確にした。それに併せて、地方公営企業の経営が悪化した場合に、単体で再建を促す規定が、地方財政再建特別措置法に倣って地方公営企業法に盛り込まれた。その適用範囲は、地方公営企業法の当然適用の7事業＋病院事業に限られていた。しかし、自治体財政健全化法では、単体で健全化規定の適用される範囲は、図8-8で示した特別会計設置義務のある地方公営企業に拡大された。独立採算への要請は、地方公営企業法の適用範囲とは関係なく、幅広く求められていることに注意が必要である。

　地方公営企業における独立採算の要請は、一般会計からの繰出基準の部分を除いて、企業経営としての財政規律を図るために必要なことと考えられてきた。現在、地方公営企業については、財務規定の適用範囲の拡大のほかにも、経営戦略の策定や、民間委託等の推進などの多くの課題が課されている。地方公営企業について経営改革の余地はなお大きい。その一方で、人口減少社会が進むなかで、地方公営企業の独立採算の原則をどのように維持すべきかは難しい課題である。

10　地方分権・行政体制

　わが国は占領統治下の戦後改革によって地方分権国家としてスタートした。地方自治法は日本国憲法と同日に施行され、戦後国家の柱となる法律の1つとされた。しかし、その後の経済発展の時期を経過すると、いつの間にか中央集権的な国家であるとされ、地方分権改革が強く要請された。

　平成11年に**地方分権一括法**が成立して、機関委任事務（地方自治体の知事や市町村長を国の事務の執行機関とみて委任される事務）が廃止されるなど、国と地方は主従の関係から対等協力の関係に変えられた。地方財政についても、地方債発行の許可制度が協議制度に改められ、法定外目的税が設けられるなど課税自主権の拡大が図られた。それと並行して、平成の合併が進められ、市町村数は3,200あまりから1,700程度に減少した。その後、小泉内閣では、三位一体改革として、国庫補助負担金の廃止縮減と、国税から地方税への税源移譲が図られたものの、同時に地方財源が大きく圧縮されたことで、その成果は地方自治体から評価されていなかった。

　このように、地方分権改革の具体的な成果はけっしてないわけではないが、地方分権改革が進展したという評価は十分にされていない。第1節と第2節で述べたように、シャウプ勧告は、国と地方への事務配分を分離型にすることを求めたが、融合型にとどめたという経緯がある。わが国が中央集権型国家であると批判されたのは、融合型の事務配分のなかで、国による過剰関与が段階的に進んだことや、国庫支出金の超過負担など国による地方への安易な負担転嫁があったことなど、いくつかの要因をあげることができる。その一方で、近年、補助金の改革や義務付けや枠付けの見直しなどで、国の過剰な関与や不適切な運営は改められており、地方自治体からの要請に応じてその緩和を継続的に進めるための仕組みができている。それをもって、地方分権改革は、一定程度進んだと評価することもできる。

　その一方で、地方分権改革はほとんど実質的な成果をあげていないという厳しい評価もある。究極の地方分権は道州制の実現であるという見方がある。その考え方の多くは、補完性の原理に沿えば、国は国にしかできない外交や防衛などの事務にとどめて、内国統治に係る権限は県を広域合併した道洲に委任す

べきという見方に沿っている。それはシャウプ勧告がめざした分離型の事務配分に近い。すなわち、現在までの地方分権改革を十分とみるか不十分とみるかは、シャウプ勧告による統治のあり方に遡って改革すべきかどうかに拠っているといえる。それは言い換えれば、戦前との連続性のなかで戦後社会の動きをどのように評価するかにかかっている。

終 章

財政学の発想

1　経済学的な発想と財政学の問題意識

　財政学の発展は、経済学との結び付きを強めたことで実現できた。その最大の成果は、ケインズ経済学が開いたマクロ経済学との融合である。第7章で取り上げたように、財政収支の均衡をどのように考えるのか、国の償還能力をどのように量り、どのような政策によってそれを維持しようとするのか、国債発行の帰着はどこに行くのかなどは、マクロ経済学の成果を採り入れることによってでしか解明できない。

　倹約の美徳は精神文化として尊ばれるべきである。しかし、それは経済政策ではむしろマイナスである。小泉内閣による構造改革は、既得権を奪うことを主眼とした政策ともいえる。小泉首相が、自らの政策を米百俵の逸話を引いて説明したように、どこか清貧の思想を思わせるところがあった。閉塞感を打ち破り、首相が決断すれば政策は変えられることを明らかにしたという意味で効果はあったが、デフレ体質を植え付けた悪弊もあった。第2次以降の安倍政権は、デフレ脱却のためにまったく違う方向の政策を展開している。目先の増税よりも経済成長の方が、財政収支均衡では有効であるとみなす。物価上昇は、国の債務の実質軽減になるので、むしろ歓迎すべきであると考える。そうなると、財政政策のあり方は、個人の道徳観の延長では説明が付かない。経済学の成果が財政学に生かされるのは、まさにそこの部分である。

　一方、サミュエルソンに代表される応用ミクロ経済学は、伝統的な公共財の理論に理論的整合性を与え、後の最適課税論の展開に道筋を付けた。それを財

政学の体系のなかに取り込んだのがマスグレイブである。マスグレイブ流の財政学は、マクロ経済学とミクロ経済学の基本的な理論を採り入れたことでバランスのよい体系を形成した。

しかし、そのマスグレイブがこだわったのが価値財であった。ミクロ経済学が前提とする方法論的個人主義で説明が付かない問題である。それを財政学の体系から落とさなかったのは、そこに財政学の固有の問題意識の象徴的なものを見出したからであろう。財政学は、経済学の成果を取り入れてもよいが、ミクロ経済学が基づく方法論的個人主義は、財政学のアプローチには本質的に馴染まない。財政学は、基本的に共同体の学であるからだ。共同体としての倫理観なり価値観なりが中心に据えられなければならない。

財政学の祖は、アダム・スミスである。スミスは、一部で誤解されているように市場主義の祖ではない。分業の効率性は主張したが、重商主義者を批判したという意味では、グローバル経済を信奉したのではなく、むしろ否定した側である。スミスは、『国富論』の前に『道徳感情論』を著した。そこでいうシンパシーは共同体論に通じるものがある。ひとりの人間には、個人主義的な面と共同体の一員としての面の両方があり、それが未整理で雑然と、矛盾した状態で内在しているとみるべきである。どのような局面で問題に直面するかによって行動が変わり、結果的に一貫性がない部分がある。したがって、個人主義的なアプローチで人間なり経済の行動を解明することが有益な場合があるが、けっしてそれがすべてではない。そのなかで、財政学は、共同体の学として、個々の問題にアプローチしなければならない。

2　財政学の発想で考える

それでは、財政学の固有の問題意識に基づいた展開とはどのようなものであろうか。各章の記述を振り返って、具体例を列挙することとする。以下は民間の経済活動との類似性で説明することが適当でない部分を指摘する。そこに財政学の発想の根本がみえるからである。

第2章で取り上げた予算は、一種の手続き論である。財政に関してどのような統治の仕組みが有効かという観点で、長い慣例のなかで形成されてきたものである。そこでは、民間企業とは異なり予算偏重、決算軽視のきらいがある。

そのバランスの悪さは問題だが、政府という強大な権力を持った存在を予算という事前統制で縛るのは正しい。また、現金主義会計に拠っているのも統制機能を重んじれば自然なことである。そうなると、現金主義会計によって事前統制を図ろうとするときに、それと財政健全化を両立させるために建設公債主義というルールが経験的に見出されてきた。建設公債主義の含意を、そのような歴史的に生み出された知恵として見出していくことが大切である。

　第3章では税制を取り上げた。税は多くの経済効果をもたらし、機能論として理論的に展開することもできる。その一方で、税を国民が納得して払うには、一種の物語が必要となる。社会保障・税一体改革では、消費税率を5％分引き上げる法律が成立した。消費税収に換算すると13兆円を超える純増税である。それまで、増税による財政再建がことごとく挫折してきたのに対して、わが国の税制史上で画期的な出来事であった。平成11年度から予算総則で消費税は社会保障の財源と位置付けられているが、それ以前は、財務省（大蔵省）は、消費税を社会保障財源と位置付けることに消極的であった。財政再建のための増税が最優先であって、社会保障といえども圧縮の対象というわけである。一方、社会保障・税一体改革は、消費税収の全額を社会保障財源に充てるといいながら、社会保障給付の充実に充てる部分は1％分にとどめ、大半は社会保障給付に財源として充てている赤字国債を追い出すという意味で財政再建に回る。財政再建のための増税と表立って言われると、国民としても了解しづらいが、社会保障の財源という名目で、財政再建に費やされるなら、それも仕方がないというのが多くの国民の受け止め方ではないか。わが国の財政状況がきわめて厳しいということは、多くの国民に深く浸透しているからである。かつて昭和54年の一般消費税（仮称）や62年の売上税では、あれほどまでに国民各層から反対の声が上がったのとは対照的に、社会保障・税一体改革で大型増税を国民が受け入れた、その深層心理を読み解くことが重要である。

　かつてバラマキ福祉という言葉があった。敬老祝い金のような不要不急の現金給付に財源を投入する人気取り政策を批判した言葉である。それよりも介護サービスを充実させるなど、現物給付を拡充する方が、高齢者の真のニーズに適合するという批判が込められている。それに対して、近年では、バラマキ公共事業などと言われる。それ自体はほとんど意味がない言葉である。単に無駄

な公共事業という意味であろう。

　第4章で取り上げた政府支出では、無駄な支出を減らすことが大きな課題とされてきた。それはもちろん間違いではないが、増税で財政再建をしようとすると、増税よりもまず無駄をなくせとの声が上がり、そのことが、財政再建のタイミングを失わせてきた苦い歴史がある。政府支出に無駄があるのは望ましいことではないが、ある部分はやむをえないところがある。無駄の排除に取り組むとしても、財政再建のための増税は、それとは別物として必要である。極端にいえば、無駄がなくなっても、財政収支は均衡しない。無駄かどうかは、費用対効果に係る部分である。財政収支が不均衡なのは分不相応の贅沢をしているからである。無駄と贅沢は似て非なるものである。

　受益と負担の一致という言葉がある。ミクロ経済学に拠れば、均衡水準では、2財の限界効用比と価格比は一致する。そこでは、受益と負担は関連している。それが市場の機能である。その一方で、財政では受益と負担の一致は、財政収支が均衡するポイントではない。財政収支の均衡は、負担と費用の一致でしかない。民間経済では、消費行動が合理的である限り、受益と負担は相関するが、財政では受益と負担は相関せず、それらが一致しても財政収支の均衡には結び付かない。民間経済の論理で財政をみることは重要であるが、そこで注目すべきは、民間経済と財政の類似性ではなくその相違点である。

　第4章で取り上げた社会保障では、公的年金をどのように理解するかという大きな論点がある。公的年金を、本来的には超長期の貯蓄であるという意味で理解し、積立方式であることがあるべき姿であるとみなすと、現行の公的年金制度は多くの矛盾を抱えている。人口増加のボーナスのあった世代が得をし、人口減少のオーナスに苦しむ若い世代が損をしているからである。しかしながら、金融市場の限界から、若年次に保険料を負担することで放棄した購買力を高齢者になってから取り戻すことができるようには金利は成立しないので、積立方式による公的年金は、市場の失敗によって不可能である。それを考えれば、公的年金に対する見方は変わってくる。公的年金は若年時に一定期間以上、保険料を負担することで受給権を確保するという意味で積立方式の形式とする必要はあるが、給付額そのものは現役世代が支えられる範囲で決まる賦課方式とせざるをえない。

現代は、産業構造の変化などを背景に、地域共同体の崩壊が止められない時代である。給与所得者が増えることで、核家族化によって家族機能もまた大きく低下している。財政は家族機能の社会代替における柱となる手段であり、公的年金は介護保険などと並んで高齢者扶養の家族代替のための手段の1つである。そのように考えれば、世代間の格差の問題は、ない方がよいことには変わらないが、個人主義的なアプローチで考える際の深刻さは減殺される。

　基礎年金の財源は税金で賄われるべきだという主張がある。現行制度は2分の1が国庫負担で、2分の1が保険料で支えられている。公的年金は、保険料を負担することで受給権を得るということを通じて、社会保障給付を受ける権利を行使しているのであって施しを受けているわけではないという物語を成立させている。税金を一部投入することで保険料の負担感を緩和することは重要だが、全額を税金で賄うと、公的年金そのものの考え方が変わることに注意が必要である。

　第6章で取り上げた財政投融資は経済開発の仕組みとして有効なものである。巨額の財政負担を国民がみえないところでもたらすという歪んだイメージでみられがちであるが、財政投融資機関は、多くは出資金のかたちで先に自己資金を確保されており、財政投融資対象事業の運営のなかで、補給金等の補助金交付を必要としたり、事業収入の不振で財政投融資資金の元利償還の原資が賄えなくなったりした場合でもあっても、政策コスト分析の結果に拠れば、政府出資金を上回る政策コストはなく、したがって財政投融資計画全体としてみると、財政融資資金の償還確実性は担保されている。

　民間企業の持続可能性は、基本的に、利益を出すことによって確保される。それに対して、政府部門は収支均衡でよく、場合によっては、政府出資金が政策コストを下回らない限り赤字でもよい。持続可能性の条件の違いは、経済と財政の相違点と柱となるものである。

　第7章で述べた財政の持続可能性の条件は、マクロ経済学の学術的成果そのものにかかってくる。その一方で、財政収支の問題において、財政学的な視点が重要となることを指摘しておきたい。「収入の範囲で予算を組む」といった予算制約の発想は、財政本来の考え方ではない。それは、経済学でいうところの家計の考え方である。政府は課税権という強大な権力を有している。したが

って、公共サービスとして提供すべき範囲等に基づいて歳出予算を立てれば、その所要額を確保するために税率を調整するというのが本来の財政の発想である。個人では収入を与件として消費選択の議論をすればよかったが、財政では収入そのものが直接的な選択の対象である。

　第8章で取り扱った国と地方の統治に係る問題では、財政学的な発想でアプローチする必要性が随所で現れる。そもそも人やカネが自由に入退出できるオープンシステムを前提とした地域経済では、必然的に格差は広がる傾向がある。EU統合でドイツが富み、ギリシャが窮乏したことと同じ論理である。そこで地方財政制度では、財政調整制度によって不均衡の緩和を行っている。財政調整制度は、国民統合の論理として、国民である以上、国内のどこに居住していても、同一の権利が認められるべきであるという論理に立っている。国家に求心力を働かせる上で財政調整は不可欠であり、財政調整制度の下で、地方自治体間は一種の共同体を形成している。自治体財政健全化法のような国が関与する地方自治体の財政再建のための法規定も、国による統治の重要性に基づいて正当化されている。地方自治体にも地域間競争の要素はあるが、それよりもむしろ、地方自治体間は相互に影響し合い、一種の共同体を形成する存在である。

3　財政学研究に必要な視点

　伝統的な経済学が想定してきた方法論的個人主義は、経済活動のある一面を鮮やかに説明するが、人間存在はそれだけに語られるものではない。そのような利己的な部分だけでなく、利他的な部分である共同体主義の発想を併せ持ち、その両者が混在一体となって、相互に矛盾するものを抱えているのが人間存在だといえる。したがって、その利他的な部分を引き出すことができれば、調和された世界が実現することになる。税には物語が必要、予算には手続きが必要とは、そうした共同体のルールなり意識を引き出すための装置である。

　政治的には民主主義に則った体制とするものの、そこに統治の論理が無理なく挟み込まれなければ世の中はうまく変わっていかない。民意だけで世の中を動かすことが、常にパフォーマンスを高めることにつながらないからである。民意は合理的ではないことも多いことを念頭に置いて、政治課題に対処して行

かざるをえない。財政学は統治の学問である。

　特に、現代は貧困がキーワードになっている。トリクルダウン効果で、富める者がますます富めば、貧しい者も恩恵を受けるという構図を、国民が信用していない。むしろ、ルサンチマンが渦巻く世の中である。統治の論理を間違えると、世の中は混乱に陥る不安定さのなかにある。現代の貧困問題に深く切り込んで、その実態に迫り、その問題を緩和するために何が必要なのか、財政学を学ぶ者が持つべき問題意識はそこにある。そのためには、経済学の論理を十分に理解し、それがどの局面でどのように機能しているのかを見極めなければならない。それと同時に、その限界と、それがすべてではないことを見切って、経済学の論理に必要以上に振り回されないようにしなければならない。財政学は、現実課題に対処すべき学問であるからである。

　財政問題を研究する者には、人間存在に対する肉厚の常識が必要になる。人の営みが繰り広げられる現場は惨憺たる現実であるが、浄化作用であるカタルシスもまたそこから生まれてくる。人々に寄り添って発想することは前提であるが、それにとどまらず、統治者の視点で全体を見通さなければならない。

　統治側の思いは、統治される側にうまく伝わっていかないのが常である。統治者に求められる謙虚さはそこにある。新約聖書マルコによる福音書の「あなたがたの中で偉くなりたい者は、皆に仕える者になり、いちばん上になりたい者は、すべての人の僕になりなさい」（第10章43〜44節）は、財政学研究の基本的な視点に通じている。

　人は愚かであるが、その同じ人が偉大な所産を残す。時間の流れに耐えてきたものにこそ、信用すべきものがある。歴史に学び、積み重ねられてきた慣習のなかに埋め込まれた知恵を読み取り、それが現代においてどのような意味を持つかを解明しなければならない。その意味で、財政学は制度研究が中心になる。

　財政学はおもしろい。それは人という存在のおもしろさに通じる。本書を通じて、その扉を開けてほしい。

索　引

あ　行

赤字国債・赤字公債……105-106, 144, 149, 154-156, 174, 195
アダム・スミス……5-6, 47-48, 194
量出制入（いずるをはかりているをせいす）……30, 173-174
一般会計……17, 19, 23-24, 26, 59, 81, 95, 101-102, 113, 130, 132, 155-156, 160, 172, 177, 185, 188-190
一般消費税（仮称）……149, 153, 195
一般税……44-45
移転価格税制……46, 78
移転支出……4
医療保険……5, 31, 73, 99, 102-103, 106-115, 121, 123
インフレターゲット……158
インボイス方式……72
売上税……195
円借款……134
ALM……130, 137
応益課税……37-38, 47-49, 84, 168
応能課税……37-38, 48-49, 168
大きな政府……6, 103
オバマプラン……103
オルテガ……9

か　行

会計検査院……26, 89
会計年度独立の原則……20-21, 25
外国子会社合算制度……78
外国税額控除……78-79
介護保険……31, 73, 99, 121-123, 125, 128, 197
概算要求……21, 90
外部性……12, 83
課税の根拠……36-39, 75
課税最低限……49, 65, 67, 77
課税自主権……169, 191
課税対象……34, 36, 38, 54, 71-73, 170
過疎対策……178-179

価値財……12, 44-45, 194
環境税……37, 46
間接税……34-35, 43, 49, 54, 71
管理機能……18
機関委任事務……191
基準財政収入額……175-176, 178
基準財政需要額……175-180, 182-184
基準税率……175
犠牲説……39-41
基礎自治体中心主義……166-167
基礎的財政収支……151, 159, 188
基礎年金……102, 104-105, 115, 117, 128, 197
帰着……34, 44, 51, 69, 192
議定科目……17-18, 20
義務付け・枠付け……24, 107, 158, 166, 174, 176, 178, 189-191
逆進性……73, 127
キャピタルゲイン……34, 51
協会けんぽ……102, 109, 111-112
協議制度……183, 191
競合性……82-84
共済年金……102, 108, 115
共同税……168
共同体主義的国家観……37
許可制度……183-184, 191
金融自由化……137
組合健保……102
クラウディング・アウト……158
繰越明許費……17-18, 20
繰出基準……177, 190
グローバル化……5-6, 33, 36, 98, 159, 162, 194
計画機能……18-19
経済安定化機能……5
経済財政諮問会議……21-22
継続費……17-18, 20
経費膨張の法則……87
ケインズ……iii, 5-6, 91, 157-158, 193
決算……12, 15-17, 25-28, 82, 89-90, 155, 185, 194
　　──調整資金……26
減価償却費……32, 34, 89, 95, 182, 187
現金給付……6, 91, 93, 125, 163, 195
現金主義……25, 28, 193
減税補てん債……183

建設公債主義……28, 153-154, 157, 160, 183, 195
建設国債・四条国債……86, 146, 153, 155-156
現物給付……6, 80, 125, 163, 168, 195
憲法……2-3, 14-21, 23, 29, 76, 89, 97-98, 118, 162, 167
小泉内閣……94, 139, 151, 184, 187, 191, 193
後期高齢者医療制度……109, 111-113
公共サービス……1, 3-4, 10, 12, 18-19, 29-30, 37-39, 47, 53, 80, 84-85, 103, 129, 168-169, 172, 186, 188, 198
公共財……iii-iv, 12, 82-86, 193
公共施設等総合管理計画……95
公共選択論……157
貢献度原則……97-99
厚生年金……65, 102, 107-108, 115, 118, 128
構造改革……94, 139, 151, 184, 187
公的年金……8, 31, 41, 85, 99, 102-103, 106-108, 114-118, 120, 128, 139, 148, 196-197
公的扶助……31, 99, 102, 119
高度経済成長……93, 144, 149
効率と公平のトレードオフ……98
高齢化率……100-101, 104
高齢者3経費……104
国債……17, 24, 59, 91-92, 120, 136, 139, 144-161, 184
　——管理政策……156
　——金利……132, 139, 159
　——整理基金……24, 155-156
国際協力銀行……131, 134, 136, 142
国内総生産（GDP）……32, 80-82
国富論……5, 47, 194
国民皆保険・皆年金……107-108
国民経済……87, 143
国民健康保険……39, 99, 102, 107-114, 120, 123, 177-178
国民所得……32-34, 59-60, 100
　——統計……32, 35, 86
国民年金……11, 108, 115, 117, 128
国民負担率……10, 59-61, 104, 125, 127
個人主義的国家観……37
国家有機体説……37
国境税調整……72
国庫委託金……180, 182
国庫支出金……165, 171-172, 177, 180-182, 191

国庫収支……80-82
国庫負担金……165, 174, 180-182
国庫補助金……180-182
固定資産税……34-36, 38, 54, 77-78, 167-168
子ども・子育て支援新制度……106, 124-125
個別算定経費……175
固有財源……172
雇用保険……99, 102
コンセッション方式……90

さ　行

財源対策債……183
財源保障……163-167, 174, 176-178, 182, 184
歳出・歳入一体改革……151
歳出歳入予算……17, 19
財政赤字……10, 27, 60-62, 89, 93, 106, 144-161
財政安定化基金……123
財政運営戦略……151, 159
財政構造改革……151
財政社会学……v, 8
財政調整制度……107, 169, 171, 198
財政投融資……iv-v, 24, 80, 91, 129-143, 197
　——改革……129, 142
　——機関・財投機関……130-136, 139, 141, 143, 197
　——計画……131, 134
　——債・財投債……129-130, 138-140, 148
財政法……15, 17, 26, 149, 153-154, 157
財政融資資金・財政融資資金法……129-130, 132, 137, 141, 197
財投機関債……136, 139
最適課税……iii-iv, 52, 193
債務負担行為……17-18, 20
差別税……44-45
サミュエルソン……iii, 13, 193
産業投資……129-132
サンセット方式……27
暫定予算……23
三位一体改革……151, 191
3割自治……170-171
GHQ（連合国軍総司令部）……118, 136
シーリング……21, 149, 188
シカゴ学派……11
事業費補正……179-180
事業別予算……18, 27, 89

資金運用部資金・資金運用部資金法
　　……136-137, 139
資源配分機能……4-5, 163
支出税……34-35, 51
支出負担行為……25
市場の失敗……5, 196
自然成立……19
事前届出制……183-184
自治体財政健全化法……184-186, 190, 198
実効税率……40, 49, 65
実質赤字比率……185
実質公債費比率……183, 185
実質連結赤字比率……185
児童手当……125
資本財市場……32
資本市場……3, 32, 132
事務配分……163-167, 169, 172, 181, 186, 191-192
シャウプ勧告……53-54, 164-165, 167-168, 171, 181, 191
社会起業……8, 163
社会共同体……7-8, 10
社会契約……2-3, 14
社会資本……4, 85, 93-96, 122, 134
社会代替……8, 85, 106, 114, 125, 197
社会保険……5, 31, 34, 61, 99, 102, 106-107, 114, 121, 125, 128
　——料（税）……31, 34-35, 61-62, 65, 125, 127
社会保障
　——基金……148, 162
　——給付……4, 11, 32, 58-59, 62, 73, 75, 80, 93, 99-103, 105, 120, 125, 163, 168, 188, 195, 197
　——国民会議……104
　——・税一体改革……86, 103-106, 115, 117-118, 123-125, 195
　——・税番号（マイナンバー）……53
　——4経費……104
社会保障制度改革推進法……104
社会保障制度改革プログラム法……104
衆議院の優越……16
住宅金融支援機構……135-136
商工組合中央金庫……135
乗数効果……91, 93

消費財市場……3, 32, 34
消費者余剰……43
消費税……17-18, 34-35, 49-50, 52, 54-57, 65, 71-75, 86, 104-106, 117, 127, 146, 151, 168-169, 172, 195
将来負担比率……185
所得効果……45
所得再分配機能……5-6, 163
所得税……33-35, 38-39, 45-46, 49-59, 62-67, 73, 75-78, 144, 149, 167, 172
新古典派経済学……158
人税……35-36, 38
人的控除……35-36, 63-65
神野直彦……v, 7
垂直的公平……38
出納整理期間……25-26, 155
水平的公平……38
スティグマ……31, 128
スティグリッツ……iii
スピルオーバー……56, 168
生活困窮者自立支援法……120
生活保護……4, 11, 31, 80, 86, 99, 101-102, 109, 117-120, 128, 174, 176, 179
政策金融改革関連法……139
政策コスト分析……138-139, 141-143, 197
政策税制……46
生産者余剰……43
聖書……2, 10-11, 199
税制抜本改革法……57, 104, 151
政府系金融機関……129, 131
税負担配分の根拠……36-38
政府保証・政府保証債……129-132, 135-136, 142, 182, 185
世代会計……98
世代間の公平……41, 98, 154
絶対的な貧困……98
ゼロベース予算……27
先議権……16
前段階税額控除方式……72-73
早期健全化……185
総需要管理計画……157
増税なき財政再建……149
相対的な貧困……98
測定単位……175
租税原則……47-52, 169

租税国家……30
租税特別措置……45-46, 69
租税負担率……49, 59, 61-62, 125, 127
租税法律主義……15-16, 29, 76, 167
措置から契約へ……121

た 行

第1次石油危機……90, 144, 149
第三セクター……184-185, 188
大衆民主主義……8-10, 27
代替効果……45
タックス・ヘイブン……32, 78, 98
タックス・ミックス……47-52
単一国家……162
単位費用……174-175, 182
単年度主義の原則……18, 21
弾力条項……24, 132, 140
地域包括ケアシステム……106
小さな政府……6, 103-104
地方公営企業・公営企業……25, 90, 177, 182, 184-185, 188-190
地方交付税……21, 59, 86, 105, 113-114, 120, 148, 164-165, 171-183, 188
地方債……132, 134, 172, 174, 179-180, 182-185, 188, 191
　　──計画……184, 188
地方財政計画……164, 171-172, 174-175, 177-178, 182, 184, 186-188
地方財政再建促進特別措置法……184-185, 190
地方財政対策……172
地方財政平衡交付金……164-165, 171-172
地方財政法……165, 180-183, 189-190
地方税の原則……168
地方分権……54, 57, 162, 166, 181, 183, 185, 191-192
　　──一括法……183, 191
地方法人税……67, 172
中立命題……158
超過税率・超過課税……76, 169, 175
超過負担（課税による）……43, 45
超過負担（国庫支出金による）……181, 191
超過累進税率……64-65, 144
調整交付金……113, 122-123
直接税……34-35, 49, 51
直間比率……49

定率繰入……155-156
デフレ……63, 158-161, 167, 193
転位効果……87
転嫁……34-35, 41, 44, 47, 49, 69-70, 158
ドイツ財政学……5, 12, 47-48, 157-158
等価定理……158
道州制……166, 191
当初予算……90-91, 101-102
統制機能……18-20, 25, 27-28, 195
統治の論理……198-199
道徳感情論……194
道路公団改革……151
特殊法人改革……139
特別会計……17, 19, 23-25, 59, 81, 95, 129-132, 135-136, 148, 155-156, 185, 189-190
特別交付税……175-176, 179-180
独立行政法人……129-131
独立採算……130, 189-190
独立税主義……167
特例国債……146-147, 149, 154
都市再生機構……136, 142
土地開発公社……185, 188
トリクルダウン……199

な 行

二元所得税……52
二重課税……50-51, 68, 78
日銀適格担保……184
日本学生支援機構……131, 134, 136
日本高速道路保有・債務返済機構……134, 136
日本政策金融公庫……130-131, 134, 136, 142
日本政策投資銀行……134, 136, 146
認定こども園……124
年金積立金……138-139, 141-143, 197
納税者権利保護……52-53
納税者番号……53
ノン・アフェクタシオンの原則……19, 31

は 行

ハーヴェイロードの前提……157
排除性……82-83
発生主義……25, 90, 190
抜本的税制改革……56
バブル……9, 56, 59, 94, 119, 138, 144, 149, 151, 187

バロー……158
PFI……27, 90
PPBS……27
ピーコック……87
東日本大震災……24, 94, 140, 188
ビスマルク……5, 31
付加価値……32, 34, 72, 77
　──税……49, 58, 72-73
附加価値税……54, 77, 167
付加税……167
複式予算……28
福祉国家……80, 107
複数税率……72
負担区分（一般会計と公営企業会計との）
　……192
負担区分（国と地方の）……165-166, 180
普通交付税……174-176, 178-180, 182
物価調整減税……144
物税……35-36, 38, 71, 77
分離型……165-166, 181, 191-192
ベヴァレッジ報告……107
包括算定経費……175
包括所得税……51, 63
法人擬制説……51
法人実効税率……69, 72
法人実在説……51
法人税……25, 33-35, 38, 45-47, 51, 54-55, 58,
　67-70, 77-78, 141, 144, 167
法定外税……76, 169, 175
法定率・交付税率……172, 174
方法論的個人主義……1, 194, 198
法律補助……181
補完性の原理……166, 191
補正係数……174-175
補正予算……18, 20, 23, 91, 94, 149, 188
ホッブズ……2, 14

ま 行

マーストリヒト条約……151
マクロ経済学……157, 193-194, 197
マクロ経済スライド……117
マスグレイブ……iii-v, 12, 47-48, 194
ミクロ経済学……iv, 45, 51, 99, 193-194, 196
三島由紀夫……9
民間委託……27, 90, 190

無産国家……29-30
無税国家……30
目的税……12, 19, 31, 46, 78, 94, 104, 170, 191
モラルハザード……128

や 行

夜警国家……6
融合型……165-167, 181, 186, 191
郵政民営化……90, 139, 151
郵便貯金……130, 136-139, 142
要介護認定……121
要素市場……3, 32, 34
予算原則……19, 27
予算循環……26
予算総則……17, 20, 132, 136, 153, 195
予算補助……181
預託……129-130, 137-140

ら 行

ラムゼー……iii
リーマン・ショック……6, 59-60, 130, 140, 144,
　149, 151
リカード……158
リスクウエイト・ゼロ……184
リフレ派……158
留保財源……176, 178-180, 182
臨時行政調査会……89-90, 149
臨時財政対策債……174, 183-184, 188
累進課税……36, 40, 49
ルサンチマン……199
ルソー……14
連邦制、連邦制国家……162, 165
労災保険……102
老人医療費支給制度……110
老人保健法・老人保健制度……110-112
労働市場……3
ロック……14
ワーク・ライフ・バランス……123

わ 行

ワイズマン……87
ワグナー……5, 47-48, 87

●著者紹介

小西砂千夫（こにし・さちお）
1960年　大阪市の生まれ
1983年　関西学院大学経済学部卒
博士（経済学）
現在、関西学院大学大学院経済学研究科・人間福祉学部教授
専門は財政学、地方財論
主な著書
『地方財政改革の政治経済学』有斐閣、2007年
『統治と自治の政治経済学』関西学院大学出版会、2014年
『日本の地方財政』（共著）、有斐閣、2014年
『社会保障の財政学』、日本経済評論社、2016年
『日本地方財政史』、有斐閣、2017年（近刊）

 日本評論社ベーシック・シリーズ＝NBS

財政学
（ざいせいがく）

2017年4月25日　第1版第1刷発行

著　者―――小西砂千夫
発行者―――串崎　浩
発行所―――株式会社　日本評論社
　　　　　　〒170-8474　東京都豊島区南大塚3-12-4
電　話―――03-3987-8621（販売）、8595（編集）
振　替―――00100-3-16
印　刷―――精文堂印刷株式会社
製　本―――牧製本印刷株式会社
装　幀―――図工ファイブ

検印省略　©Sachio Konishi　　　　　　　ISBN 978-4-535-80608-5

[JCOPY]〈（社）出版者著作権管理機構　委託出版物〉本書の無断複写は著作権法上での例外を除き禁じられています。複写される場合は、そのつど事前に、（社）出版者著作権管理機構（電話 03-3513-6969、FAX 03-3513-6979、e-mail: info@jcopy.or.jp）の許諾を得てください。また、本書を代行業者等の第三者に依頼してスキャニング等の行為によりデジタル化することは、個人の家庭内の利用であっても、一切認められておりません。

経済学の学習に最適な充実のラインナップ

入門｜経済学 [第4版]
伊藤元重／著　　　　(3色刷) 3000円

入門｜価格理論 [第2版]
倉澤資成／著　　　　(2色刷) 3000円

例題で学ぶ 初歩からの経済学
白砂堤津耶・森脇祥太／著　　2800円

入門｜ゲーム理論
佐々木宏夫／著　　　　　　　2800円

マクロ経済学 [第2版]
伊藤元重／著　　　　(3色刷) 2800円

入門｜ゲーム理論と情報の経済学
神戸伸輔／著　　　　　　　　2500円

マクロ経済学パーフェクトマスター [第2版]
伊藤元重・下井直毅／著　(2色刷) 1900円

例題で学ぶ初歩からの計量経済学 [第2版]
白砂堤津耶／著　　　　　　　2800円

入門｜マクロ経済学 [第5版]
中谷巌／著　　　　(4色刷) 2800円

[改訂版] 経済学で出る数学
尾山大輔・安田洋祐／編著　　2100円

スタディガイド 入門マクロ経済学 [第5版]
大竹文雄／著　　　　(2色刷) 1900円

経済学で出る数学 ワークブックでじっくり攻める
白石俊輔／著　尾山大輔・安田洋祐／監修　1500円

マクロ経済学入門 [第2版]
二神孝一／著 [新エコノミクス・シリーズ] (2色刷) 2200円

例題で学ぶ初歩からの統計学 [第2版]
白砂堤津耶／著　　　　　　　2500円

ミクロ経済学 [第2版]
伊藤元重／著　　　　(4色刷) 3000円

入門｜経済のための統計学 [第3版]
加納悟・浅子和美・竹内明香／著　3400円

ミクロ経済学の力
神取道宏／著　　　　(2色刷) 3200円

入門 公共経済学
土居丈朗／著　　　　　　　　2800円

ミクロ経済学パーフェクトマスター
伊藤元重・下井直毅／著　(2色刷) 1900円

実証分析入門
森田果／著　　　　　　　　　3000円

ミクロ経済学入門
清野一治／著 [新エコノミクス・シリーズ] (2色刷) 2200円

最新 日本経済入門 [第5版]
小峰隆夫・村田啓子／著　　　2500円

ミクロ経済学 戦略的アプローチ
梶井厚志・松井彰彦／著　　　2300円

経済論文の作法 [第3版]
小浜裕久・木村福成／著　　　1800円

しっかり基礎からミクロ経済学 LQアプローチ
梶谷真也・鈴木史馬／著　　　2500円

総力ガイド！これからの経済学
経済セミナー編集部／編 [経済セミナー増刊] 1600円

金融論 [第2版]
村瀬英彰／著 [新エコノミクス・シリーズ] (2色刷) 2200円

進化する経済学の実証分析
経済セミナー編集部／編 [経済セミナー増刊] 1600円

〒170-8474　東京都豊島区南大塚3-12-4　TEL：03-3987-8621　FAX：03-3987-8590　**日本評論社**
ご注文は日本評論社サービスセンターへ　TEL：049-274-1780　FAX：049-274-1788　https://www.nippyo.co.jp/